U0066370

南懷瑾文化

皇極經世書今說

——觀物篇補結（二）

閆修篆　輯說

出版說明

本書《皇極經世書今說——觀物篇補結》，為閆君修纂繼前三冊《皇極經世書今說——觀物內篇》、《皇極經世書今說——觀物外篇上卷》、《皇極經世書今說——觀物外篇下卷》（老古出版社出版）之後，歷時十年所完成「皇極經世」系列書之最後一部。

先前出版的《皇極經世書今說——觀物內篇》，內容涵蓋〈觀物篇〉之五十一至六十二。（編者加註：《皇極經世書》重要內容分為：〈觀物篇〉62篇——「以元經會」12篇（1～12）、「以會經運」12篇（13～24）、「以運經世」10篇（25～34）、「律呂聲音之變化」16篇（35～50）、「內篇」12篇（51～62）及〈觀物外篇〉2篇。）此「補結」版，顧名思義，乃為補足先前內篇未包括之部分——〈觀物篇〉1～34，與為此「皇極經世」系列書做一總結。

此書如同前三冊，乃閆君搜羅古人之註解，歸納演繹，殫精竭慮之著作，其間所耗之精神與時間，不足為外人道。其用心無外乎為繼往聖之絕學、為文化續薪傳，寥盡一己之薄力；其作用實乃以犧牲個人的精神與時間，期冀免去同好新知搜索枯腸之苦於萬一，並或能引發研究與發揚之興趣，則先生之用心堪足告慰矣。

如前所述，邵子學問博大精深，其《皇極經世書》聲音唱和部分，律呂聲音之變化之，〈觀物篇〉35～50，苦無力完成。雖然四處走訪乞教於語言與詩詞吟唱專家，皆因年代之隔閡，古今之差異，至今已無人能窺其奧秘，實乃無上之損失，無限之遺憾。

又及，此卷所附之緒言，與南師懷瑾之序，均曾付梓於前書。蓋因緒言其內容與邵子之學並不與時遷，亦頗能描述先生之生平與皇極經世學說之梗概，故再刊於此，不另撰新詞。

此致。

中華民國一〇三年春

編者的話

《易經》是中國百經之首，影響中華文化至深，縱使到了今天影響力依舊非常強大，這從坊間探討《易經》的書籍可謂汗牛充棟便可得知。

《易經》的內涵可以分成兩個部分，一是象數，也就是卦象和數字，這就變成了中國預測學的始祖；二是義理，也就是它展現出來的中正倫理大義，這就很深遠的影響了中國「中與正」的君子思想。

《易經》在歷代各有演進，最後將其發揮到極致的便是宋朝邵雍（康節）的《皇極經世書》，本書博大精深，深奧高遠，令人難以望其項背。在象數方面，它配合天文、曆法，運用了多種卦象的變化，發展出檢驗與預測歷史的獨特方式，而且已經計算到了10的22次方，這個數字的龐大縱使到了現代，也不是一般計算機和excel試算表所能夠運算的，必須用工程計算機才能計算。在義理方面，它將推論出來的結果參照重大歷史事件來印證時代的更迭，並藉以說明這就是天道運行所致，因而彰顯了中正倫理在道學與中國傳統上的重要性。

因為《皇極經世書》是如此深奧，不但要熟諳《易經》，更要懂得歷史、曆法、數學與儒家思想，所以，自稱懂得《易經》的人不在少數，可是敢說自己懂《皇極經世書》的人卻寥寥無幾，而能夠將《皇極經世書》做白話註解與翻譯的人，可能百年中也不出一二位。正因如此，當我第一次接觸閆修篆先生的遺作草稿時，只能望文贊嘆，而且也深知這本書在現代或許沒有太大的市場利益，但它終究是要被出版、被傳世的，因為它將成為浩瀚《易經》書籍中的一本重要參考書，並且被當成經典一樣的保存著。

閆修篆先生是位退休少將，治學嚴謹，尤擅《易經》和《皇極經世書》，正是所謂的一代儒將，他之前即曾出版過《皇極經世書今說——觀物內篇》、《皇極經世書今說——觀物外篇（上下）》，再加上這本《皇極經世書今說——觀物篇補結》則大功告成，三書共同研讀即能登入一代奇書《皇極經世書》的巍巍廟堂。

本人雖然出版過幾本《易經》入門書和易理書，但終究才疏學淺，忝為校對，面對閆先生如此充滿文化智慧與歷史重量的大作，惟戰戰兢兢、慎戒恐懼的查閱對照原文與參考書重複推算，校對可能不慎筆誤之處，並整理、補遺、加註了幾張圖表以便讀者閱讀。

今逢本書出版，被囑為一說明，故汗顏提筆，慶幸本書終於出版，也冀盼欲在易理哲學更上一層樓者，能參考此本《皇極經世書》入門之鑰與之寶，必定入寶山，滿載而歸！

林金郎
二〇二〇年二月

卷首——
關於《皇極經世書》

《皇極經世書》十四卷（或云十二卷），見《四庫全書．子部七．術數類一．數學之屬》。四庫提要謂：「《皇極經世書》十四卷，宋邵雍撰。邵子數學，本於李挺之、穆修，而其源出陳摶。」

《皇極經世書》起於帝堯甲辰（西元二三五七年，民元前四二六八年），至後周己未（西元九五九年）。而興亡治亂之蹟，皆以卦象推之。朱子謂：「皇極是推步之書，可謂能得其要領，自《易》以後，無能做得如此整齊。」

張氏嵋謂：「此書本以天道、質以人事，辭約義廣，天下之能事畢矣。其張行成、祝泌等數人，能明其理者甚鮮。故世人卒莫窮其作用之所以。」

按：張氏嵋說：

先生治易、詩、書、春秋之學；窮意、言、象、數之蘊；明皇、帝、王、霸之道，著書十萬餘言，研極精思三十年。觀天地之消長，推日月之盈縮，考陰陽之度數，察剛柔之形體。故經之以元，紀之以會，始之以運，終之以世。又斷自唐虞，迄於五代，本諸天道，質以人事，興廢治亂，靡所不載。其辭約，其義廣，其書著，其旨隱。嗚呼，美矣！至矣！天下之能事畢矣！

張行成作《易通變》：「祝泌作《觀物篇解》、《皇極起數》等。」

皇極取象，與易多不相同，如乾在易為「天」，經世為「日」；兌在易為「澤」，而經世為「月」，以至離為星、震為辰、坤為水、艮為火等，其取象皆與易不同。然邵子用以占算，無不奇中，故歷代皆重其書。且其自述大旨，亦不專於象數，如云：「天下之事，始過於重，猶卒於輕；始過於厚，猶卒於薄。」又云：「學以人事為大。」又云：「治生於亂，亂生於治，聖人貴未然之防，是謂易之大綱。」

又云：「天下將治，則人必尚義也；天下將亂，則人必尚利也。」「尚義、則謙讓之風行焉，尚利、則攘奪之風行焉。……」類皆立義正大，垂訓深切。是經世一書，雖明天道，而實責於人事，洵粹然儒者之言，固非讖緯術家所可同日而語也。

按：邵子此所謂「輕重、厚薄」，係指社會對「義、利」重視之程度而言。「義、利」關係於社風民俗，至關緊要，如昔時對「倫理關係、長幼之序，男女之別」之重視，人人莫不遵而守之，無敢逾越，而奸盜猶時所難免。迄今倫理關係日以淡漠，男女之防，棄若敝屣，鮮被重視（或以為此乃時代進化之必然）。於是乎老人棄養、遺嬰失祇、男女問題、浸浸乎，又為社會之隱憂矣！《漢書．禮樂誌》說：「婚姻之禮廢、則夫婦之道苦、而淫辟之罪多。」時至今日，社會之男女關係，早已逾越昔日之所謂之「一杯水主義」了。

按：何夢瑤氏說：

邵子之學本乎先天圖，其曰：「圖雖無文，吾終日言而未嘗離乎是。」是經世一書，皆圖說、易說也。《皇極經世書》，乃康節先生明道之書，以觀物明篇次，尊先天之學，通畫前之易，上自開闢之初，下訖收閉之盡，攬一圖，觀方圓動靜，攝天根、探月窟，同古今於旦暮，舉天地萬物之始終。統元會運世、息息與吾身相通復……二程先生許為振古豪傑，內聖外王之學，朱子比以張子房之流。

邵子融歷史於「元、會、運、世」中。所謂元經會，會經運，運經世，亦可謂「說易之書」，其社會衰隆汙，以易卦以明示之，故讀此一書，亦何啻明易、史之所以矣！

南序

《皇極經世書》為北宋邵康節先生所撰，其時，邵子與周敦頤、程頤、程顥、張載等四人，為世所稱五大儒者。嗣後加朱熹、陸象山、呂祖謙三人，共為學術界繼往開來宋代之八大儒，構成理學一派，惟八家學術各有特點，各自獨立。

即以邵康節而言，其學說雖源出道家一脈，但其主旨亦遠承堯、舜、虞、湯、文武、周公、孔孟之道統，另兼具道家自然法則之意涵，故博大而精深。

紀昀在《四庫全書》中，論及邵子之《皇極經世書》，謂其「立義正大，垂訓深切，是經世書，雖明天道，而實責成於人事」紀昀之論，應屬深入而中肯。

邵子與二程，皆籍河南伊川，程伊川（程頤）之名，亦緣此鄉里之故。

惟《皇極經世書》，自來除少數專家外，能徹明其理者甚鮮，故自乾隆年代以還，對該書闡釋發揚者，頗為罕見，實屬遺憾。

今者，有閆君修篆，亦為邵子伊川鄉里人氏，其耗時三載，撰寫《皇極經世書今說》之書，宏揚邵子學術，用心良苦。

緣閆君自幼於鄉里嬉戲於邵子安樂窩祠，耳濡目染，傾心於邵子及其學說。及長，入塾習儒，對《易經》之學情有獨鍾，抗戰中期，閆君投筆從戎，轉戰各地。來臺後數十載，歷經軍政要職，然公務之餘，仍孜孜於易學，並有著作問世。

閆君後以少將階退役，轉任商界，但對易學之研究，始終如一，迄未稍懈。

數年前，閆君摒離世緣，發願專心致力於邵子《皇極經世書》之闡釋，一則以宣揚我中華文化，一則於此特殊時代，發揮邵子之學，提昇智慧及理性判斷之功能；再者，亦鄉里孺慕之情所依也。

閆君所著此《皇極經世書今說》一書，又名《邵子全書》，初期完成百萬字，洋洋大觀，其中列舉先輩學者之觀點論述，再加個人研究心得見解，極為詳盡豐富，難能可貴。

邵子曰：「天下將治，則人必尚義也；天下將亂，則人必尚利也。尚義則謙讓之風行焉；尚利則攘奪之風行焉。」一時值尚利之風遍野，天下勢將趨亂，正此時也，閆君不畏艱苦，宏揚邵子學說，如能收挽狂瀾之效，則眾生幸甚，中華文化幸甚。

惟一般世俗認知，因邵子學術亦涉占卜，故謬列其入術數之類屬。對此，紀昀曾云：「洵淬然儒者，雖明天道，而實責成于人事，對此，非讖緯術數家可同日而語也。」其然乎？其不然乎？故置不論。

今值閆君撰述出版之際，樂為之序。

南懷瑾

癸未夏月

緒言

天津橋上聽啼鵑　只是當時已惘然
妙意都應窮卦畫　餘情聊爾託詩篇

這是明儒薛瑄，讀康節先生《伊川擊壤集》而作的詩。大意是說：康節先生，在天津橋上聽到杜鵑的啼聲，心中對當時宋朝的天下大事，已經感到惘然無措了。又說：先生學問的精微處，除了極盡妙思於掛畫外，心中的無奈，只有託之於詩篇了。

宋英宗治平四年（西元一〇六七年）某日，正是春暖花開的時候，康節先生陪客人出外散步，忽然於天津橋上，聽到杜鵑的啼聲，變慘然不悅。客人感到奇怪，問其原因。先生說：「從前洛陽沒有杜鵑，現在開始有了，這是地氣由南向北轉移之故。恐怕不出兩年，朝廷將用南人為相，多擢用南方士人，專務於變更舊制，天下從此便多事了。」果然於熙寧二年己酉二月（西元一〇六八年），即以王安石參知政事。同年七月開始變法，以致天下騷然。康節先生偶聞鵑啼，即知南人為相，天下將亂，豈非咄咄怪事？

明朝景泰六年（西元一四五五年），洛陽知府虞廷璽，有一天升堂問案，竟然是兩個農夫，為了爭一塊石頭，來打官司。一個說石頭是他耕田時挖出來的，所以應歸他所有；另一個則說，這塊石頭是在他田中發現的，當然理應是他的。知府感到很奇怪，為什麼兩人會因為一塊石頭而興訟？於是便要他們把石頭抬上堂來，親自查看。赫然發現石上刻有「大明景泰乙亥，知府者虞廷璽，為我復興此窩」十八個字。這年正是乙亥，知府亦即南鄭人虞廷璽；再看字跡，也不像新鑿刻的樣子，何況鄉人也沒這個膽子，來跟知府大人開玩笑。那麼，是誰刻在石上的呢？虞知府十分驚詫。原來邵氏故居安樂窩，在金時成為九真觀，到了元朝，九真觀為火所焚，夷為田地。虞知府是個聰明人，一想，原來二人爭石頭打官司，是康節先生與知府大人開的玩笑，要他為其復興安樂窩。於是便發動地方仕紳，就是原石處，興建一所康節祠。

這就是開創宋朝儒學五子之一的邵康節先生。

康節先生，生於宋真宗祥符四年辛亥，著《皇極經世書》，目的即在於經綸天下。惜因陳義高遠，寓意幽深，傳其學者不多。

西山蔡元定氏謂：「先生之學，以元會運世，歲月日辰，盡天地之終始；以皇、帝、王、霸，易、書、詩、春秋，盡聖賢之事業。自秦漢以來，一人而已。」觀程子「內聖外王」之論，當知蔡氏言之不謬。

梁啟超氏說：「康節先生之學，以宇宙萬有皆生於心，為學主性善說，但與孟子的說法不同，非佛非道，事事憑空創作，後人無其聰明，故不能傳其學」。

先生為筆者鄉先賢，幼時嘗嬉戲於安樂窩，鄉人皆知其神於數，能知過去未來之事，而不知其學問之大也。《皇極經世書》乃余向之所慕，茲於讀易之餘，展卷讀之，聊為斯篇，以竟儒慕先哲之思。

目錄

第一冊

第二冊

第四章　以會經運

第三冊

第五章　以運經世

第四冊

第一册

第一篇　邵康節與皇極經世

第一章　邵康節先生其人其事

第一節　卜居——道在於斯矣

據《宋史・道學傳》的記載，紹雍字堯夫，河南洛陽人，（其先范陽人，即今河北保定附近）。少年時才氣縱橫，慷慨有大志，於書無所不讀，卒謚康節先生。

康節先生治學的刻苦精神，古人用「冬不爐、夏不扇、夜不就席者數年」來形容他夜不設寢，日不再食的刻苦情形，與戰國時「頭懸樑，錐刺股」的洛陽人蘇秦，刻苦自勵，廢寢忘餐的艱苦情形，十分相似。不但令人敬佩，也使我們現在的讀書人，感愧莫及。

《禮記》說：「獨學而無友，則孤陋而寡聞。」所以古人讀書，除了從師外，還要游學訪友，廣採博聞，以增廣見識，充實學問。先生每有「昔人尚友於古，而吾獨未及四方」之嘆。司馬遷年二十即南游江淮，上會稽、探禹穴、窺九疑、浮沅湘、北涉汶泗；講業齊魯之邦，過梁楚而歸。遨遊名山大川。所謂東至海、西至崆峒，幾乎足跡遍天下了。邵子與太史公家學不同，足跡亦未如司馬之廣（這可能與經濟條件有關），但卻也走遍山西、江蘇、湖北、山東、河南等地。聽到有學問的人，便前往造訪，或討論、或請教，所謂學無常師，最後發現洛陽才是天下人文薈萃之地。於是「幡然來歸」，說「道在於斯矣」！從此便定居洛陽，不再出遊四方了。

第二節　家居生活——自古智者皆淡泊

陋巷簞瓢世所傳　予何人則恥蕭然
既知富貴須由命　難把升沉更問天
靜默有功成野性　騫驤無路學時賢
紛華出入金門者　應笑溪翁治石田

這是先生治平三年，給登封裴翰的一首詩。就當時情形看，「蓬蓽環堵，不蔽風雨」，或「甕牖繩樞」等字，似乎還不足以形容其萬一。他除了自己打柴、煮飯，孝養父母外，家中常常缺米少糧，沒有油鹽，所謂的「平居屢空」。吃了今天的，明天的米在哪裡，還不知道。儘管如此，他卻怡然自得，像顏回一樣，「人不堪其憂，回也不改其樂」。他的朋友司馬光、富弼、呂公著等（皆曾居要津，前後為相），都非常尊敬他、關心他，並為他買了數畝薄田，蓋了幾間遮蔽風雨的小屋子，纔勉強維持了生活。先生非常滿意這個小屋子，便叫它為「安樂窩」，自號安樂先生。每天早上焚香默坐，晚上飲兩杯酒，興致來時，吟吟詩，寫寫字，頗為怡然自得。先生有詩自況說：

清風無人兼　自可入吾手　明月無人并　自可入吾牖
中心既已平　外物何嘗誘　餘事豈足論　但恐樽無酒

亦如東坡先生，泛舟赤壁的情懷一樣，所謂「惟江上之清風，與山間之明月，耳得之而為聲，目遇之而成色，取之無禁，用之不竭」者然。清風明月，無人可兼得獨有，自是取用不竭。「中心既已平，外物何嘗誘」，能有如此襟懷，自然物不能誘，勢不可遷。清風入手，明月入牖，足以見其曠達胸懷。

每當春暖花開，或秋高氣爽、天氣清和的時候。坐上他的小木車，隨興之所至，想到那裡，便到那裡。大家聽到了小木車的聲音，就知到邵先生來了。爭相迎請到家中，予以招待，聽他講古說今，談做人作事的道理。有些公務人員，礙於法令不能招待他，但也各以其俸，煮些粥食點心，以表示對他的歡迎之意。大家知道他喜歡飲酒，但又居家貧窮，所以也有人把酒送到他家去，以備其不時之需。無論尊卑老幼，沒有不喜歡他的。有些士大夫們，也都爭相邀請。先生也頗能隨俗，遇到好客的主人，留住三宿五宿，乃至十天半月也不一定。甚至有人，還特別為他蓋所像安樂窩一樣的新屋，叫做行窩，等候他來休憩。先生很受感動，嘗作詩說「斟有淺深存燮理，飲無多少繫經綸，莫道山翁拙於用，也能康濟自家身」，可見一般。

司馬光把他當作兄長一樣看待，由於他們二人品德高尚，整個鄉里的人，都互相勉勵其子弟，不可有一些不善，為恐怕他二人知道了，自家人沒有面子。

第三節　治學──「一二三四」的故事

先生初居河南共城（今河南輝縣），於百源山上，結廬讀書（輝縣西北有蘇門山，又稱百門山、百泉為百門泉之略稱，百源為其別名，後來邵子一脈學問，就叫百源學派）。由於邵子治學刻苦，曠絕古今，衛人都非常敬佩他，並引以為榮。這時共城縣縣令李之才（字挺之），聽說他「事父孝謹，勵志精勤」，便登門拜訪他，與其討論「物理性命之學」。邵子聽了李的言論，便登門拜李為老師。當時大家都不知道，這位不起眼的小小縣令，在學問的造詣上，竟然是一位大大有來頭的人。上自陳摶、種放、穆修，所獨傳的河圖洛書、伏羲先天八卦、六十四卦圖象之學，毫不保留的，全部傳授予邵。

按：《宋元學案》謂：

先生居百源，挺之知先生孝謹，勵志精勤，一日叩門勞苦之曰：「好學篤志如何？」先生曰：「簡策之外，未有適也。」（簡策，是指經史子集等出版物。未有適也，是說還沒有適合我研究理想者之意。）挺之曰：「君非跡簡策者，其如物理之學何？」意思是說，經史子集的奧義，已經不是你所要追求的學問目標了，你應該考慮一下物理之學，看看如何。他日又曰：「不有性命之學乎？」你知道性命之學嗎？

先生再拜，願受業。這是說，一般的書籍和學問，對先生來說，已經沒有多大的研究價值了，挺之遂授以物理性命之學。物理性命之學，簡單的說，就是談「天地萬物，消長道理」的學問。換言之，亦即司馬遷所謂「天人之際，陰陽之道，與人性善惡」方面的學問。更進一步說，就是研究時代盛衰，社會現象成因的學問。所以邵子之學，名為〈觀物篇〉。

先生的治學方法，也與一般人不同，當其就學於李之才時，師禮甚嚴，雖野店，「飯必欄，坐必拜」。對學問的探討，並不是要求李精心詳解，傾囊相授，而是要求老師「微開其端，毋竟其說」。請老師提示一個方向，但不必詳細解說。於是李只說了「一二三四」四個字。經過邵的細心研究，終於開創了康節的易學新天地。

按：飯必襴。襴音檻，為過去讀書人穿的一種便服，據《宋史・輿服志》說，是以白細布做成，圓領大袖……為宋時進士及國子生，以及州、縣生所穿的衣服。在這裡是說先生尊師重道，執弟子禮，無論行住坐臥，不敢絲毫隨便或馬虎逾越之意。

這個時候，有一位學問很好，且自信對易學研究，很有心得的王豫先生（字悅之，又字天悅），聽到先生學易非常努力，心中十分高興，便毛遂自薦來見康節先生，說要教他易學。經與先生討論了三晝夜後，對先生十分驚服，反而執弟子禮，求位先生的學生了，也是直接承受邵學之人，其所得，較之先生之子伯溫，猶有過之。

《宋史・道學傳》說：「之才之傳，遠有端緒，而雍探賾所隱，妙悟神契，洞澈蘊奧，汪洋浩博，多其所自得者……。」可於先生嘉祐七年，〈答人書意〉中見之：

仲尼言正性　子輿言踐形　二者能自得　殆不為虛生
所交若以道　所感而以誠　雖三軍在前　而莫得之凌

先生治學做人，皆以誠為中心，除〈答人書意〉外，復有多處可見，今錄〈誠明吟〉一首如下，以供參考：

孔子生知非假習　孟軻先覺亦須修
誠明本屬吾家事　自是今人好外求

這裡先生說：關於誠的問題，只有孔子是生而俱有者，孟子雖屬先知先覺，但對於誠的問題，也還下過不少修習功夫。先生以為，誠為吾人自家本分之事，是不待外求的。同一時期，先生另一首〈閑居述事〉，對自己閑居生活，有以下記述：

花木四時分景致　經書千卷號生涯
有人若問閑居處　道德坊中第一家

不必多引，即此可見先生治學、處事之一般。

按：陳摶，字圖南，安徽亳州人，生年不可考，或以為生於唐末，或以為後唐明帝長興時人，曾中進士。少有大志，負經綸之才，亂五代時，曾游四方，不得志。遂入武當修道，後隱於華陰山之雲臺觀，閉戶獨臥，或累月不起。周世宗，曾召至京師，賜號白雲先生。趙太宗召賜希夷先生。嘗騎驢過市，聞宋太祖登基，大笑墜地，或問其故，曰天下從此大定矣！

周世宗問他飛升成仙的方法，告以當皇帝應以治天下為重。宋太宗召見，丞相宋琪問以「玄默修養」之道，告以修道之事「正是君臣同德，致理之時」，就是最好的修練方法。

或有以宋祚問者，先生告以「一汴二杭三閩四廣」之說。宋果五遷，至閩廣而亡。希夷先生，終年好睡，有位世家子弟，因問先生「睡也有道嗎」？先生笑而答之以詩，說：

愁聞劍戟扶危主　悶聽笙歌聒醉人
擕取舊書歸舊隱　野花啼鳥一般春

相信這位世家子弟，沒有聽懂先生的話，如果聽懂了，隱逸傳中，也一定會留名的。

穆修，字伯長，山東汶陽人。師事先生，受其易學。少豪放，舉進士，因忤其上，遂遭流放後赦歸，敘潁州參軍，故或呼穆參軍。宋真宗嘗問侍臣穆修學問那麼好，何以公卿皆不舉薦賢者，有人說他文行不一，皇帝便不再關心他了。其後家益貧，不得已，乃鬻所藏韓、柳文集為生，宋明道初卒，年五十四歲，識者哀之。

種放，字明逸，河南洛陽人。年輕時即有隱居山林之志。父死即俸母隱居於終南山，結草為廬，以教學講習為生。自號雲溪病叟。後從希夷先生學，宋太宗太平興國六年，召賜金帛盛豐。真宗時授起居舍人，景德元年，轉諫議大夫，卒贈工部尚書。

李之才，字挺之，宋青州人，師事穆修，舉進士，為東方大儒，權共城令時，聽說堯夫先生苦學，遂授以物理性命之學。之才之學受之穆修，修受之種放，放受之陳希夷圖南先生。伊川先生所謂醇一不雜者。（以上見《東都事略》）

第四節　學問境界——玩心高明以觀運化

紛紛議論出多門　安得真儒號搢紳
名教一宗長有主　中原萬里豈無人
皇王帝霸時雖異　禮樂詩書道自新
觀古事多今可見　不知何者為經綸

這是先生治平三年的一首詩〈偶書〉。

明道先生論康節先生說：「先生少時，自雄其才，慷慨有大志。既學，力慕高遠，謂先王之事，為可必致。」這是天大的境界，認為堯舜禹湯，文武周公的政治理想，為必可實現者。與孟子「天下可運於掌」，即治理天下，像在手掌上玩東西一樣的容易，是一定能辦得到的事。這不正犯了陸放翁當年同樣的錯覺？放翁詩說：「早歲哪知世事艱，中原北望氣如山，樓船夜雪瓜洲渡，鐵馬秋風大散關。」最後發現一匡天下，不是那麼容易，而百年歲月忽忽將逝，才又發出了「塞上長城空自許，鏡中衰鬢已先斑」的慨嘆！年輕時把天下什麼事情，看來都那麼容易似的天真可愛。燕丹子如此（燕丹報秦）、張良如此（張良的博浪沙），項羽（焚咸陽，遷彭城）、李世民亦莫不如此（逼迫其父李淵起兵）。其間有成功，有失敗，關鍵只在於那一分練達。所以程子又說：「極其學益老，德益劭，玩心高明，觀天地之運化，陰陽之消長，以達乎萬物之變，然後頹然其順，浩然而歸。」這時先生之學，雖不敢說已達天人合一境界，但似乎不逾於子房先生了。無怪乎程子說：「昨從堯夫先生游，聽其議論，振古之豪傑也，惜其無所用於世。」稱其學為「內聖外王之道」。

按：程氏兄弟二人，長名顥（唸浩）字伯淳，人稱明道先生為大程氏；次名頤（唸宜），字正叔，人稱伊川先生，一般人通稱二程先生，與周敦頤、邵康節、張橫渠同為宋代儒學五子，其學為五子學說。康節以兄事其父大中先生。一日顥、頤隨父大中公，訪康節先生於天津之廬，康節攜酒飲月陂上，歡甚，語其平生學術出處之大。明日謂其門人周明純曰：「昨從堯夫游，聽其議論，振古之豪傑也，惜其無所用於世。」純明曰：「所言如何？」伯淳曰：「內聖外王之道也。」（見《程氏遺書》）是日康節有詩曰：

草軟沙平風細溜　雲輕日淡柳低萎
狂言不記道何事　劇飲未嘗如此盃

景好只知閑信步　朋歡那覺太開懷
必期快作賞心事　卻恐賞心難便來

賓主盡歡，真如古詩所說：「今日良夜宴，歡樂難具陳，彈箏奮逸響，新聲妙入神。」一曩之「琴無知音不願彈」，今則良晨美景，佳朋益友，縱橫古今天下事，誠人生快事，然亦不免於「勝地不常，盛宴難再」之思耳。

嘉祐七年，先生於其〈天津感事二十六首〉詩中說：

人言垂釣辨浮沉　辨著浮沉用意深
吾恥不為知害性　等閑輕動望魚心

先生「辨浮沉」三字，很明白的，道盡了人生的一切。先生不為知（知在此有慾念、執著之意）而害性，故能恥於輕動望魚之心。孟子的學生公孫丑，問孟子說：「夫子加齊之卿相，得行道焉，……如此，則動心否乎？」孟子說：「我四十不動心。」「不動心」，是人生修養的大關鍵，很少有人能夠做得到。

大程氏說：

堯夫欲傳數於某，一日因監試無事，以其說推算殿前廊柱皆合，出謂堯夫說：「先生之數，只是加一倍法。」堯夫驚附其背說：「大哥恁恁地聰明。」

程子也同樣的能不動心。

明道先生說：「堯夫欲傳數學於某兄弟，某兄弟那得工夫，要學須是二十年工夫。堯夫初學於李廷之，師禮甚嚴，雖在野店，飯必襴，坐必拜，欲學堯夫，亦必如此。」這裡邊有三層涵義：其一，是說古人師道的尊嚴，康節先生如此，如向先生學數學亦必如此，自為程氏兄弟之所難；其二，是說數學的深奧，學數學，必定需要極多的時間，所以那得工夫；其三，前知之事，為儒者所不屑為。

先生的數學即加一倍法，本欲傳大程氏，程氏不受。後來章惇、邢恕都要學，但先生卻委婉拒絕了。

按：章惇，初見先生時，縱橫議論，旁若無人。談到洛陽牡丹，自認有很高的境界，他的朋友趙守說：先生（指康節）是洛陽人，對牡丹非常瞭解，我們先生聽聽先生的高見。先生說：「洛人以見根撥而知花之高下者為上，見枝葉而知者次之，見蓓蕾而知者下也。」

惇感到很不好意思，後來聽說他就是邵雍，便要跟他學數學。先生說學數學，一定要「寧淡無為」方可。章惇是個熱中名利的人，當然不宜學數學了。後來章先從王安石，再從蔡京，日以排擠元祐黨人與正人君子為事。他的老婆張氏，是一個很明事理的婦人，臨死的時候告訴他，如果你將來作了宰相，可千萬不要挾嫌報復過去的仇怨。張氏死後，章惇非很悲悼他的妻子，他的朋友便說：與其作無益的懷念與悲傷，何不想想她臨死的遺言？章惇感到十分尷尬。

邢恕他是一個典型的勢利小人。因為他曾出自大程夫子門下，又追隨過司馬光，所以在公卿間小有名氣。由於這種關係，遂能厚著臉皮，向康節先生要求學數理之學。先生無奈，便告訴他一些初入門的皮毛。邢恕便拿著雞毛當令箭，逢人便滔滔不絕的教人家學數學。先生聽到了便說，算了吧！這是先天之學，沒有許多言語，不是長篇大論說的明白的事情。但是邢卻非常得意，給先生的〈留別詩〉說：「圯下每慚呼孺子，床前時得拜龐公。」先生卻很不客氣的回覆他說：「觀君自比諸葛亮，顧我殊非黃石公。」邢恕為人，賦性反覆，初叛程氏，再叛司馬，所以說是典型的勢利小人。

「圯下每慚呼孺子」，是張良與圯下老人黃石公的故事。龐公即龐德公，後漢襄陽人，學際天人，隱於峴山之南，龐德公耕於隴上，妻耕於前。荊州劉表要請他出來做官，他不肯。司馬德操（諸葛亮的老師）經常來看他。諸葛亮來謁見他，拜於床下，龐公亦不還禮，任由其拜，坦然受之，可見一斑。所以先生說：「觀君自比諸葛亮，顧我殊非黃石公。」

和靖伊氏說：「康節本是經世之學，今人但知其明易數，知未來事，卻小了他學問。」如陳叔易贊說：「先生之學，志在經綸。」最為盡之。

歐陽斐氏說：「康節邵先生嘗以為學者之患，再於好惡先成乎心，而挾其私智，以求於道，則蔽於所好，而不得其真；顧求之於四方萬里之遠，天地陰陽屈伸消長之變，無所不可，而必折衷於聖人。」意思是說：當時一般學者，治學問最大的毛病，是心裡邊先有一個好惡心存在，非常執著於自己的好惡，這樣真理便受到蒙蔽，要之必當博聞廣徵，而依歸於聖人之道，才是真正的學問。

第五節　待人接物——梧桐月向懷中照，楊柳風來面上吹

著身靜處觀人事　放意閑中練物情
去盡風波存止水　世間何事不能平

這是嘉祐七年，先生所寫〈天津感事二十六首〉之一。「去盡風波存止水」，足見先生襟懷。

伊川先生說：「堯夫襟懷放曠，如空中樓閣，四通八達也。其詩云：『梧桐月向懷中照，楊柳風來面上吹』，真風流人豪。」這兩句詩，可以「風光霽月」四字，來形容他的為人。

《宋史》說司馬光兄事先生，二人的德行，十分為鄉里所景仰。平時在家裡講學，有所問難，會很仔細、很誠懇的告訴人家，絕不以名師自居，擺出高不可攀的大師架子，或者勉強人家接受他的見解。所以大家都喜歡親近他，向他問學。誠如史家所稱讚他的「鄉里化之，遠近尊之」。當時四方的讀書人來到洛陽，可以不晉見官府，卻一定要來拜訪先生。歷史上說他「德氣粹然」，一看到就知道是個非

常賢德的人。平日與人相待，無論少長賢愚；不分貴賤親疏，均一本至誠，一視同仁，更不敢自命清高。平時笑語終日，自得其樂。與人言談，總不外孝悌忠信。喜道人之長，不論人之短。所以「故賢者悅其德，不賢者服其化」。由於他的影響，不但使社會風氣日益敦厚，更為國家社會，培養出來許多人才。

當先生病情很沉重的時候，伊川先生來與他訣別，問他還有什麼要囑咐的？先生伸出兩隻手告訴他，要把前面的路放寬一點，路窄了連自家都不能容身，別人還能過的去嗎？這句話正道出了當時暗潮洶湧的政情，也暗示了朝政傾圮，將難挽救，正人君子居朝的危險性日益嚴重，可見康節先生的遠見。

《宋史》載說：先生高明英邁，超越古人，而其坦蕩渾厚，不露鋒芒，所謂「輕而不激，和而不流」，像柳下惠一樣。雖然自己非常清高，但對那些言行傾邪的小人，亦一本至誠，並不做出凜然高潔的樣子。時日久了，無論賢與不肖，也都越來越尊敬他，愛戴他，信服他了。所謂「水流任急境常靜，花落雖頻亦自閑」者。治平三年寄富弼的一首詩說：

何事教人用意深　出塵些子索沉吟
施為欲似千鈞弩　磨礪當如百鍊金
釣水誤持生殺柄　著棋閒動戰爭心
一杯美酒聊康濟　林下時時或自斟

宋仁宗末年，雖然韓琦、富弼為相，司馬光、文彥博、范仲淹、范鎮等皆在朝，但政治氣氛，卻十分弔詭。英宗治平中，富弼即欲退出政壇，堯夫先生因為詩寄之。首二句是說，天下事要能看的遠，看的淡，有「高高山頂立」的意思；次二句是說要看的準，拿的穩，才能「深深海底行」。以下四句有叮嚀的意味。為政亦如垂釣，一竿在手，並無選擇的機會，好者不一定來，惡者亦難得避？又如奕棋，坐在棋盤前，便起爭勝之心。對很多事不要看不慣，天下事也像奕棋一樣，輸輸贏贏，何必太認真呢？再說不在其位，不謀其政。遂以「一杯美酒聊康濟，林下時時或自斟」，來勸慰老友。

第六節　憂以天下——二晉亂亡成茂草，三君屈辱落陳編

溪翁昨晚步天津　步到天津佇立頻
洛水只聞湍去棹　西風唯解促行人
山川慘淡籠寒雨　樓觀參差鎖暮雲
此景分明誰會得　欲霜時候雁來賓

這是英宗四年七月二十二日，先生晚飯後，在天津橋畔散步有感，第二天（即十三日）所作的詩。表面上是一首抒情詩。也與同年春天，天津橋上忽聞啼鵑的心

情一樣，所謂「山川慘淡籠寒雨，樓觀參差鎖暮雲」之句，雖然寫景，其情不是很明顯的指向大宋的江山社稷嗎？

富弼自動去職，神宗復聽信小人之言，對韓琦產生疑心。琦因以求去，召王安石為翰林學士，且欲以為相，韓琦諫說不聽，國家大事，眼看就要發生問題了。但此情此景，能有幾人會得呢？「欲霜時候雁來賓」，這是預言，這年冬天，西夏誘殺保安知軍楊定，邊釁又起。

康節先生這年春天，於洛陽天津橋上，聽到杜鵑的啼聲，便慘然不悅。並說：「天下將治，地氣自北而南；天下將亂，地氣自南而北。」現在南方的地氣已經到了北方，這可從空中的鳥類看出。因為飛鳥是動物中最先得到地氣的。孔子《春秋》書中，便有「六鷁退飛，鴝鵒來巢」的記載。也就是因為地氣的促使而然。飛鳥得地氣之先，杜鵑啼聲即是告知，從此以後，除南人為相，朝中多用南方士人外，南方的花木，亦可移植於北方；同時南方的瘴瘧之病，亦將隨之而至，老百姓也從此多一份疾疫之苦了。

按：英宗於治平四年丁未正月駕崩，太子即位，是為神宗。次年戊申，改元熙寧。二年己酉，即以王安石參知政事，議行新法。七月行均輸法，九月行青苗法。朝中賢臣皆退，果如邵氏所言，天下將大亂了。

六鷁退飛。春秋魯僖公十六年正月，有六隻鷁倒著飛過宋國都城。鷁音義，很像鷺鷥，是一種蒼白色水鳥。飛得很高，御風而退（即倒飛），是很罕見的怪現象，宋人以為不祥。

鴝鵒來巢。鴝鵒，唸句欲。春秋魯昭公二十五年，有鴝鵒來巢。鴝鵒是一種穴居的鳥，現在忽然築巢而居，也是一件很離奇的事。

熙寧二年己酉二月，即以王安石參知政事，同年七月即開始變法。初行新法，天下騷然，先生門生故舊、仕宦四方者，皆欲投紱而去。先生便告誡他們說，這正是大家為人民盡力的時候，新法固然嚴苛，如果你們能寬一分，老百姓便多受一分好處。如果大家都不幹了，換了別人來作，對老百姓、對社會國家，會有什麼好處呢？可見其憂心天下蒼生之一斑。

我們從先生的〈左衽詩〉中，也同樣可以讀出他的情懷。

自古禦戎無上策　惟憑仁義是中原
王師問罪固能道　天子蒙塵爭忍聞
二晉亂亡成茂草　三君屈辱落陳編
公閭延廣何人也　始信興邦亦一言

詩的大意是說：中國自古以來——從周朝開國之前的古公亶父開始（周文王的祖父，西元前兩千三百年左右），對付外來的侵略，就沒有很好的良策。秦築長城，漢、唐和親等，均無法解決邊患問題。中原唯一的辦法，只有用德化的方法，亦即用仁義來感化，算是稍微好一點而已。歷來的對外用兵，雖然都有非常充分的理由，也或許能收一時之效，但仍無法避免天子蒙塵的慘劇。如晉朝的五胡之亂，懷愍二帝與後晉出帝的被擄。雖然已成歷史陳跡，但中原為墟，生靈塗炭的悲慘情況，已是無法彌補的歷史創傷。最後兩句，雖然指的是晉朝致亂的因由，而其更重要的，則是對宋朝未來的結局暗示。一言興邦，一言喪邦，不是對宋神宗的警惕嗎？「始信興邦亦一言」，不是指王安石變法之事嗎？

按：後世，尤其近代，對王安石變法，賦予高度評價，咸認為新法之所以不得行，乃由於既得利益之惡勢力者之反對之故，似非持平之論。

「左衽」，孔子稱讚管仲九合諸侯，一匡天下，尊王攘夷的功勞，說：「微管仲，吾其披髮左衽矣。」意思是說：如果沒有管仲，我們恐怕都要披髮左衽，變為夷服，成為沒有文化的民族了。亦即被夷族統制的意思。

可知此詩乃先生有感而發。當時有人問他宋朝的國祚如何？先生沒有說話，只拿出了兩卷史書給客人看。一是晉「懷愍二帝的帝紀」，一是亂五代「後晉出帝紀」。懷、愍二帝，先後均為胡人劉聰所弒，與宋徽、欽二帝被擄，死於漠北的情形，一樣慘人聽聞。出帝則為契丹所擄，向宋恭宗為元人所擄一樣，殂死於漠北之野。

先生知之，而無以救之；明之，而不能言之。其內心之痛，可想而知。

《程氏遺書》記說：當先生病得非常嚴重的時候，伊川先生去看他，與他說話，氣如游絲。這時大家為他開治喪會，因怕他聽到，故在另一個房子中討論，但他卻聽得一清二楚。這時忽然有人從外邊來，說是有最新消息。先生便問，是什麼消息？來人告說，是什麼什麼。先生說：「我以為是官軍收復幽州呢？」這不與陸放翁「死去原知萬事空，但悲不見九州同，王師北定中原日，家祭毋忘告乃翁」一樣的令人感痛嗎？大家都對先生彌留時之耳聰意明，感到驚詫，認為不可思議。伊川先生的解釋是：「病後，氣將絕，心無念，慮不昏，便如此。」這話雖也不錯，但並非全然如此，人死時，意志非常清醒的，固然很多，但如灰飛煙滅的，亦所多有。

有人問說：「學佛的人，也有很多人，皆能預知死期，何故？」程氏的答覆是：「只是一個不動心。」又說「釋氏平生，只學這箇事，將這箇做一件大事，學者不必學他」。

程子的看法是非得論。第一，一個人到了「氣將絕，心無念，慮不昏」，如果平時修養好的一般人，也多能如此。但卻難能聽到另屋中言論。邵子的情形，應是世人所說的一種神通。王陽明便有這種神通（先生《傳習錄》，即有類此記載）。第二，學佛的人，固然將「了生死」，做一件大事看，但真能了生死者，除了少數大德高僧外，並非人人可辦。何況了生死，與預知死期是兩回事，後者亦非學佛的唯一目的。程子說「學者不必學他」，說實在話，果真人人能夠「了生死」，不也就是孔子所說「造次必於是，顛沛必於是」的實踐嗎？世界上真能作到「了生死」

的人，雖不敢說已與天地參，但也非聖即賢了。至少也是值得眾人景仰的人物。有何不可？何況即是想學，也不一定人人皆能學得到啊！

佛氏所說的了生死，設問：「生，從何處來；死，到那裡去？」是要瞭解生命的真諦，目的不是要知道自己的死期，或單純的不怕死。儒家對生死的看法是：「死有輕於鴻毛，有重於泰山。」不也是「了生死」嗎？

伊川先生說：「邵堯夫臨終時，只是諧謔，須臾而去，以聖人觀之，則亦未是，蓋猶有意也。比之常人，甚懸絕矣！」程子道學之所以為道學者在此。說康節先生尚未達聖人境界，固允，謂生先臨終諧謔須臾而去，為聖人未許，或者未然？

第七節　先生的前知——先天之學

中間三千年　迄今之陳跡
吾能一貫之　皆如身所歷

這是先生〈皇極經世一元吟〉的詩句。先生以為：天地生滅的年歲，數目太大，難以窺測，但對於一元十二萬五千年之數，認為「理尚可知」。雖然先生並未自詡其前之事，然其「身歷、一貫」三千年之往事，未來自然已在其中了。

中國人對於前知的問題，謂為術數之學。雖然代有前知之士，但所謂「正牌」

的讀書人，大多皆不以為然，當然談不上重視了。所以先生欲傳數於程顥，程氏不受。其實嚴格的說，應是一個物理、人事所必然的科學問題，而非所謂虛幻的「術」。韓非即說：「與死人同病者，不可生也；與亡國同事者，不可存也。」這不就是所謂前知的科學依據嗎？中庸說：「至誠之道，可以前知。」又說「至誠如神」。可見前知是從至誠中來的。《論語》中有這麼一段記載：子張問孔子十世以後的事，可以知道嗎？孔子說當然可以。孔子並舉出可以前知的論點說：「殷因於夏禮，所損益，可知也；周因於殷禮，所損益，可知也；其或繼周者、雖百世可知也。」所以我們說：前知是物理問題、科學問題，並非是虛幻的、無可捉摸的「術」。

大程先生初識先生，即嘆為內聖外王之學。謂其「智慮絕人，遇事能前知」。伊川先生說：「其心虛明，自能知之。」「其心虛明」即所謂「前知」的基本要件。這可從歷代高僧傳中窺其端倪（多數佛家高僧，多有預知之能，尤其對於個人生死問題，甚或能作到坐脫立亡）。

伊川先生的「其心虛明，自能知之」，道出了箇中秘辛。

但是如何才能「虛明」？這是功夫。如果不經過一定的修持方法，是不易達到「虛明」之境的。此所謂「虛明」，即老子所謂的「致虛極，守靜篤」的意思。亦即大學所謂之「定而后能能靜，靜而后能慮」的境界，與王陽明的境界略似。然而生在這方面的功夫，卻極少人道及。其實先生做功夫，早在百丈原時，便深夜危坐，可見其功夫之久之深。

《朱子語錄》說：邵康節這人，極會處置事，他神閒意定，不動聲氣……他氣質本來精明，又養得來純厚，又不曾枉用了心，他那用心時，都在緊要上用，被他靜極了，看得天下之事理精明。……嘗於百丈原深山中，闢書齋獨坐其中，王勝之嘗乘月訪之，見其燈下，正襟危坐，雖深夜亦如之。若不是養之至靜之極，如何見道理如此精明？

朱子說先生「養之至靜之極」，誠然如此。先生詩說：

非有非無是祖鄉　都來相去一毫芒
人人可到我未到　物物不妨誰與妨
失即肝脾為楚越　得之藜藿是膏粱
一言千古難知處　妙用仍須看呂梁

大家都知道先生另一首「乾遇巽時觀月窟，地逢雷處見天根，天根月窟閑來往，三十六宮都是春」的詩。不但為易學家所耳熟能詳，也是養生家所津津樂道的，但很少有人提到「非有非無」的詩。不知此詩，在習靜的境界上，較前詩更可見其親證工夫處，若非親身證到，很難有此境界。這是治平三年，先生贈吳沖卿的一首詩，從此可以看出，先生修持的功夫。但當時一般人，並未深探箇中之義。

此詩與道家呂純陽先生（唐人，即人稱八仙之一的呂洞賓）〈百字銘〉頗有相通之處，茲錄如下：

養氣忘言守　降心為不為　動靜知宗主　無事更尋誰
真常須應物　應物要不迷　不迷性自住　性住氣自回
氣回丹自結　壺中配坎離　陰陽生反復　普化一聲雷
白雲朝頂上　甘露灑須彌　自飲長生酒　逍遙誰得知
坐聽無弦曲　明通造化機　都來二十句　端的上天梯

這是呂重陽修真的經驗談，短短百字，道出了修真的歷程、境界與方法，試就筆者所知，粗為釋說，以就教於高明。

「養氣忘言守，降心為不為，動靜知宗主，無事更尋誰」。這四句，即邵詩「非有非無」之意。說修真之道，首在養氣，而養氣求靜之道，既不可執著於有，亦不可執著於無，致意念於即有即無之鄉，亦即孟子所說之勿忘勿助之意。也就是太極拳的最高境界。

次四句，「真常須應物，應物要不迷，不迷性自住，性住氣自回」。「真常」有兩重意義，一是說修道應在於日常生活之中修之，不一定要入深山、絕人跡才可以成道的。一即所謂的真如本性，亦即吾人之原始本性，六祖所謂的「何期自性」。應物即邵詩「物物不妨」，即表現於對人接物，行住坐臥，皆能夠不受外界干擾。嚴重點說，亦即所謂「小隱於野，中隱於市，大隱於朝」之意。如此則誰能與妨呢？

行住坐臥，能夠不失自性，則性住氣回，漸期於氣住脈息之境。所謂「氣回丹自結」，即邵詩「人人可到我未到」之處，邵子「我未到」，乃自謙之辭。「相去一毫芒」意，亦即所謂「忘言守，為不為」之動靜之間，得失之際。「祖鄉」即在於「毫芒」之間。

「白雲朝頂上」節，即「失得」二句中之「得」意，「得知藜藿是膏粱」，不即所謂「甘露灑須彌」者？妙用句，即「逍遙、坐聽」，二句之意。所謂「妙用看呂梁」，這一句是方法，與降心句相同。「降心」即金剛經「云何應住，云何降伏其心」之意（降，即投降、降伏之意），也就是除忘想，繫念一緣之意。

所謂呂梁，即孔子觀於呂梁的故事。列子說：「呂梁，懸水三十仞（古人以八尺為一仞），流沫三十里。」是個有名的風景區，像美國阿拉斯加大瀑布一樣，水流洄漩湍急，連黿鼉魚鱉也所不能游。這一天，孔子帶著學生們來參觀，看到一個人，奮身跳入，以為這人要自殺，要弟子們趕緊去拯救，追尋了很遠，見那人卻在水裡，優游自在。孔子問他什麼道理？答說：「長於水而安於水，性也。」說他能夠瞭解水性，順性而行之故。在這裡，即所謂任運自然之意。可見邵子在這方面，是有著相當功夫與經驗，並非空嘴說白話。

先生有其虛明的修養，復加以先天之學，故能成其前知之道。

上蔡謝氏（良佐）說：堯夫精易之數，事物之成敗始終，人之禍福修短，算得來毫髮差錯。如指此屋，便知起於何時，至某年月日而壞，無不如其言。」

西山蔡氏（元定）以為：康節之學，雖作用不同，其實伏羲所畫之卦也，明道所謂加一倍法也。其書以日月星辰、水火土石，盡天地之用；以寒暑晝夜、風雨露雷，盡天地之變化；以性情形體，走飛草木，盡萬物之感應；以元會運世，年月日時，盡天地之終始；以皇帝王霸，易書詩春秋，盡聖賢之事業。自秦漢以來，一人而已。

先生的前知，是原於伏羲氏「先天之學」。所謂「先天」，即對「後天」而言。簡單的說：「先天之學」，即指伏羲卦圖而言；「後天之學」，即指文王卦圖。兩者卦皆相同，所不同者，排列之方位、次序而已，其作與用亦自迥然有別。以圖示之如下：

文王八卦方位圖

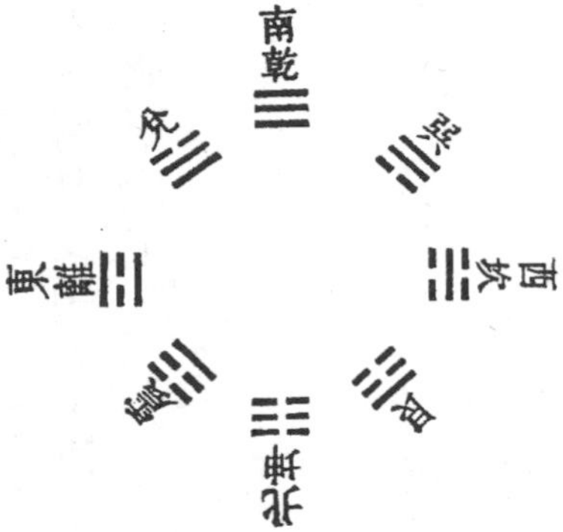

伏羲八卦方位圖。伏羲八卦方位圖，即小圓圖

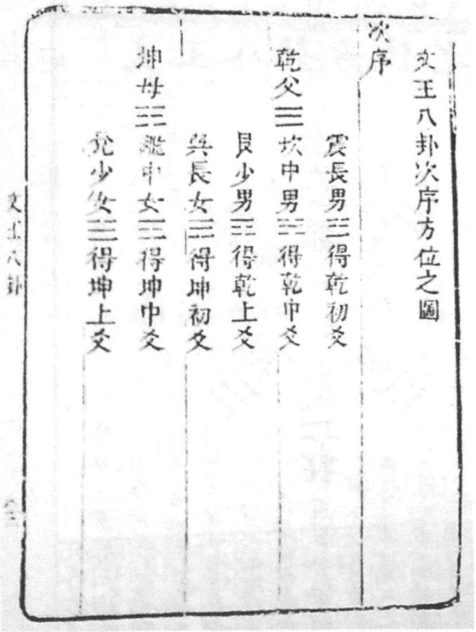
文王八卦次序方位之圖

次序

震長男☳得乾初爻

乾父☰ 坎中男☵得乾中爻

艮少男☶得乾上爻

巽長女☴得坤初爻

坤母☷ 離中女☲得坤中爻

兌少女☱得坤上爻

文王八卦次序圖

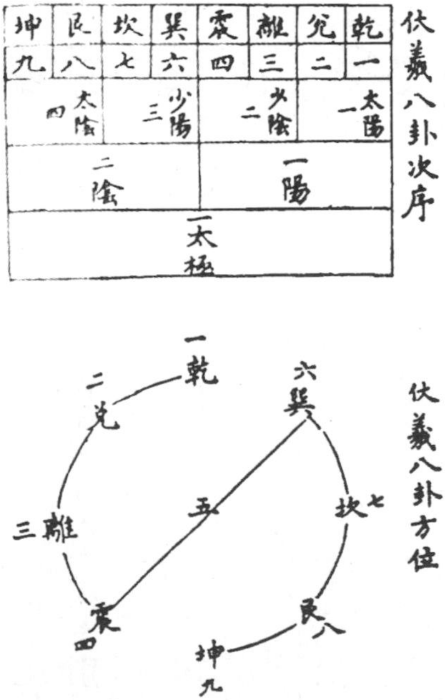

伏羲八卦次序方位圖

所謂先天之學，清人王氏植，似以三皇為先天。王氏說：「邵子之學，先天之學也，先天者，中天之先，所稱三皇者也。」王氏以三皇為先天，至於何者為中天，何者為後天？王氏則未道及。

就學術淵源言，先生之學，受之北海李之才。李氏上啟河南穆修，以至六代時陳摶。其說以河圖洛書，為伏羲畫卦之始。所謂「河出圖、洛出書，聖人則之。」並傳有太極圖等說。伏羲先天八卦的順序，是乾一、兌二、離三、震四、巽五、坎六、艮七、坤八。乾一、兌二、離三、震四，也就是先生從李氏「為開之端」中，研究的心得。太極兩生儀，兩儀生四象，四象生八卦的加一倍法，亦從此出。至其使用的方法，現在已經失傳了。

先後天之說，後人有贊成者，亦有反對者，也有反對先後天之名，而贊成其理者。贊成者如朱子等，反對者莫如宋之歐陽修，明之歸有光等。歸氏對邵說，直欲置之儒學之外。各說詳見拙作《易經的圖與卦》，這裡不作討論了。先生的皇極經世學說，係由先天之學出發，以伏羲六十四卦圓圖，經緯之而成。我們今後的一切研究，即以六十四卦為綱紐。瞭解了皇極之後，先後天的疑問，便不存在了。

第八節　先生的出與處——雪月風花未品題

「施為欲似千鈞弩，磨礪當如百鍊金。」

有人問朱子：「『千鈞弩』如何？」答說：「不妄發。」這不就是先生「出、處，用、藏」之所以的答案嗎？

先生年輕的時候，也是「豪氣干雲，英邁蓋世」的人物。伊川先生分析得非常透澈。說先生年輕時「自雄其才，慷慨有大志」。大有以天下為己任，捨我其誰之慨；既學，學問有了一定的基礎之後，則「力慕高遠，謂先王之事，為必可致」，儼然有伊尹之志；及其「學益老，德益劭」。學問更老練，境界更高超的時候。則「玩心高明，觀天地之運化，陰陽之消長，以達乎萬物之變」，「然後頹然其順，浩然其歸」。不得不承認殘酷的現實，而很坦然的過著其田園生活，達三十年之久。所謂「志士在畎畝，則以畎畝言」（先生《擊壤集》序），「頹然其順，浩然其歸」，正是先生的寫照。

程氏評論先生的心理歷程，從壯年的「力慕高遠」，到「學益老，德益邵」的「玩心高明」，境界上是有著很大差異的。而當時政治環境的時空因素，更是很殘酷的佐證。在上有闇主，下有佞臣；內有婦人謀政，外有強敵環伺……的環境裡，先生的出處，能不慎重考慮嗎？治平三年，先生在其〈代書寄友人〉中，道出了內心的沉痛：

當年有志高天下　嘗讀前書笑謝安
豈謂此身甘老朽　尚無閑地可盤桓

棋逢敵手纔堪著　琴少知音不願談
非止不才能退默　古賢長恨得時難

時難。千古聖哲英豪，對時不我與，莫不慨然興嘆，徒喚其奈何而已！何況先生？無奈，只好以詩來自我幽默了。看其〈遊上寺〉詩（按：上寺，鄉人稱寺上，為一極大古剎，今已毀，筆者幼時，曾啟蒙於此），便知：

堪嗟五霸爭周燼　可笑三分拾漢餘
何似不才閑處坐　平時雲水繞衣裾

先生視五霸為「爭周燼」，三分為「拾漢餘」之可嗟可笑。未若先生「雲水繞衣處」閑坐，為來得高曠閑逸。然而先生之意，豈真樂此「閑坐」？先生之所以不值於「五霸、三分」，乃有所效於孟子之上贊仲尼者。孟子說：「仲尼之徒，無道桓文之事者。」為仲尼者，羞稱五霸，先生之意，豈在於此？但話說回來，此情此境，不閑坐又能如何呢？

新安朱士說：「康節本是要出來有為底人，然又不肯深犯手做。凡事直待可做處，方試為之；纔覺難，便拽身退，正張子房之流。」

新安對康節先生的不用於世，雖不無所憾，但其對先生的瞭解，顯然非常深刻。有人問他：「現在有些厭拘檢，樂放舒，惡精詳，喜簡便的學者，都想學邵堯夫的為人。」朱子說：「邵子這道理豈易及哉？他腹中有這個學，能包括宇宙終始古今，如何不做得大，放得下。今人卻恃箇什麼，敢復如此？因誦其詩曰：『日月星辰高照耀，皇王帝伯大鋪舒』，可謂人豪矣！」我們看他熙寧三年，〈歲暮自貽〉詩，當可窺其一般：

當年志意欲橫秋　今日思之重可羞
事到強圖皆屑屑　道非真得盡悠悠
靜中照物情難隱　老後看書味轉優
談麈從容對賓客　薦章重疊誤公侯

先生此詩，對其當年志高天下的雄心壯志，有所檢討，認為是自己不懂事。天地間萬事萬物，皆有個定理，不能強求。汲汲於所得者，率皆斗屑之輩，無足稱道。如果不是真的有所得，也只是些泛泛而已，因為真的假不來，假的真不來，只有歷史才是一面嚴格的鏡子，任何人，都逃不過歷史的裁判。亦惟有讀書，才是唯一的進德修業之路啊！

康節先生先天之學，雖出於道家陳摶，世或誤以先生為道家者流。不知先生無書不讀，對儒學造詣，世所企及者實不多見。故《宋史・道學傳》，即以周程張邵朱六子並列（或去朱子為五子）。所著《皇極經世》，即本之《易》與《春秋》。所以伊川先生說：「吾從堯夫先生遊，聽其議論，振古之豪傑也，惜其無所用於世。」周公明問其故，伊川答說「內聖外王」四字，歷代大儒，足以當之者，實不多見。「惜其無所用於世」，伊川先生此一惜字，便有無限感慨與深意。

又說：「數學至康節方及理。」可見邵氏的前知，乃是以理推者，並非江湖術士之流的蓋仙。伊川先生推崇先生之學，為「純一不雜，汪洋浩大」；「內聖外王之道」；「數學至康節方及理」，由此可見邵氏之學。

先生畢生尊崇儒術，不遺餘力。於其〈無名公傳〉說：「晚有二子，教之以仁義，授之以六經。」又說：「家素業儒，口未嘗不道儒言，身未嘗不行儒行。」故其詩曰：「心無妄思，足無妄走，人無妄交，物無妄受。炎炎論之，甘處其陋；綽綽言之，無出其右。羲軒之書，未嘗去手；堯舜之談，未嘗離口。吟自在詩，飲喜歡酒，百年升平，不為不偶。」可知先生早已預知，後人之誤論先生者，乃為〈無名公傳〉以自明。無名公者，非此公果佚其名者，蓋以其博大，而無以名之也。

又於〈戒子孫〉書中，更以儒者的「四勿」為家訓。先生說：「目不觀非禮之色；耳不聽非禮之聲；口不道非禮之言；足不踐非禮之地。」又說：「人非善不交，物非義不取；親賢如就芝蘭，避惡如畏蛇蠍。」再再均足以看出先生，標準儒者之氣息。而與絕聖去智，南華秋水之說者不同。

先生畢生思想，即以尊崇儒家道統為中心而推闡之者。先生說：「仲尼後禹千五百餘年，今之後仲尼又千五百年餘年，雖不敢比夫仲尼上贊堯舜禹，豈不敢比孟子上贊仲尼乎？……人謂仲尼惜乎無土，吾獨以為不然。……仲尼以萬世為土，若然，則孟子言自生民以來，未有如夫子也。斯亦未謂之過矣！」其《皇極經世》一書，即以五經為圭臬。細讀〈觀物篇〉、《伊川擊壤集》、《漁樵問對》諸書，當知說先生學說之指歸。

誠如朱氏國禎所說：「邵堯夫先生所著書，或以為數學而忽之。……程伯子推為內聖外王之學，而先生亦自以經世名其書，豈虛也？」徐氏必達亦說：「先生之學淵矣、微矣！彼以數名先生者，抑何淺之乎知先生哉？」

先生之所以不出用於世，是有其痛苦和無奈的，伊川先生用「玩心高明」四字概之。其實先生何嘗不重視天下蒼生呢？他眼看著赤膽忠肝的老友如司馬光、富弼等，一個個從政壇上倒下來。真正忠君愛國的讀書人，或放逐、或被貶，再多一個他，又能有什麼幫助呢？既不能有所作為，又何必為大家製造麻煩，一齊來淌渾水呢？先生乃精於易者，當然不會忘記孔子對「潛龍勿用」、「確乎其不可拔」的叮嚀。老夫子不也慨慨乎言之嗎？「君子哉！蘧伯玉，邦有道則仕，邦無道則可卷而懷之。」又說：「天下有道則見，無道則隱。」「古之學者為己，今之學者為人」。……在思想上，邵子的所作所為，不但沒有脫離儒者之道的原則，而且還是以孔子思想的忠誠實踐者呢。我們看熙寧三年，初行新法，天下騷然，仕宦四方的門生故舊，皆欲投劾而去。先生告誡他們說：「正賢者所當盡力之時……投劾而去，何益？」不但不贊成他們離開崗位，而且還鼓勵他們好好的幹，可見他是想有所作為的人。徐氏必達在《邵子全書》中說：「先生當熙寧之時，值金陵（指王安石）用事之際，觀天察時，已知天下事，必無可為之會，是以其身不得不隱。身隱矣！而畏天、悲時、憫事之念，終不能一日忘也。是以不得不托之言，托之言而卒無可奈何，是以不得不委之運。委運於大化，順適於去來，而時發洩其情於《擊壤集》。觀其『仲尼豈欲輕辭魯，孟子何嘗便去齊』；『返魂丹向何人用，續命湯於何處施』？先生之志，豈不悲乎？」

先生在其《勸學書》中嘗說：「道之行與不行，繫乎時之用捨如何耳，然後可以語命也已。道行則功濟天下，道不行則獨善一身。功在天下，故能在上而不驕；獨善其身，故能遯世而無悶。不驕無悶，非空空鄙夫之所能，或曰亦未足為天下之大賢，則吾直以為天下之妄語人也。」「遯世無悶」、「不失天下之大賢」，不就是先生的寫照嗎？

先生之子伯溫氏，更進一步分析說：「有其時而無其人，則時不足以應；有其人而無其時，則事不足以興。有其人而無其時，則有之矣！有其時而無其人，蓋未之有也。」這不正是先生之所處嗎？

「王師問罪固能道，天子蒙塵爭忍言；二晉亂亡成茂草，三君屈辱落陳編。」先生內心的悲痛，全在其中。〈左衽詩〉，先生已向趙家天子與天下人，提出了這個警告，但是誰又能相信其說呢？試問他能夠說出未來徽欽二帝，北狩的預言嗎？

第二章　皇極經世學說

中國人對宇宙開始的傳說，有個美麗的神話，認為原始的天地，像雞蛋一樣，一團渾敦，天地萬物，都是從「盤古氏」開始的。神話說：天地未分的時候，盤古氏已生於渾敦之中了。所謂渾敦，就像紅樓夢說的「冥冥大荒」一樣（渾敦，即混沌。所謂盤古氏生於太荒，莫知其所始，又曰混沌氏），盤古氏一覺醒來，感到混混沌沌的，很不是味道，便用大斧狠力一劈，把這個混沌一分為二，輕清上浮者為天，重濁下沉者為地。這就是中國神話說的「盤古氏開天闢地」。

證諸現代天文科學的發展，不能不佩服我們老祖宗們，想像力的豐富與偉大，所謂渾敦像雞蛋一樣，不就宇宙的形狀嗎？

「天開於子，地闢於丑，人生於寅，物閉於戌。」《皇極經世書》，以一個很簡單的方法，上推往古，下推未來，舉凡天地開閉之間者，無不瞭若指掌。這就是邵康節先生所著的《皇極經世書》。

張氏行成說：「先生之書不過萬一千六百餘言，而天地之物、之象、之數、之理；否泰消息，損益因革，其間罔不包羅，自六經以來，諸子百家之作，原道、析理，未有如此之簡要也。」（見張氏《皇極經世索隱》）

第一節　開宗明義

皇極經世，即大中至正的治平之道。

《皇極經世》書如其名，是以「皇極」之道，來治國平天下的。所謂皇，即三皇五帝之皇，代表政治上的至善至美；極，是最高原則，是零缺點的，已知來經營治理這世界。質言之，「皇極經世」，就是大中至正的治國平天下之道。

「皇極」本是《周書・洪範》的「九疇」，為古人治天下之大法。《周書・洪範》有九疇，亦即九個政策綱領，或九個項目。第五即為「皇建有極」。其主旨為「皇建其有極」。皇，在這裡指君而言；建，就是建立；極，就是標準。用現代術語說，就是建立良好的政治制度，亦即作好各種立法與社會規範。我們可因以看出，邵氏之所以用「皇極」二字的原由了。

明國子監朱國禎說：「先生通天地陰陽之紀，察日月星宿之會，明鬼神幽顯之理，達龜筮鈴訣之奧。觀運處身，臨政治國，咸於此書。」

邵子皇極經世，取法於史所謂的三皇之治（《史記》以天地人為三皇，以伏羲、神農、黃帝、堯、舜為五帝。相傳自盤古氏之後，為天皇氏、地皇氏、人皇氏，為中華文化的軔始）。三皇五帝的政治，是儒家所標榜的最好的政治，所以稱皇。祝氏泌說「皇，大也，大之又大為太；極，是已至而不可踰，無過不及也」之意。又說：「屋棟為極，天心為極。」極，是高之至者。可見所謂「皇極」，即是太極，亦即大道之至者。經，有綱領，經綸，經營，治理等義；世，即我們今天所說的世界、社會或國家，亦即古人所說的天下。天下事變動不已，沒有一刻平息。致於變的結果是好是壞，直接關係著人民幸福者至大且鉅，必須聖人們來經之營之。之所以稱皇極經世者，就是這個意思。

「皇極經世」四字，不但代表了先生的政治理想，而且也隱含了欲達此目的的因素與行動指歸。換句話說，不僅僅是理想，而且有方法，這就是皇極經世的完整涵義。

邵氏伯溫（先生之子）說：「至大之謂皇；至中之謂極；至正之謂經；至變之謂世。大中至正，應變無方之謂道。」「應變無方」，方就是限制，能夠作到大中至正，自然無往而不適，也當然無往而不利。誠如孔子說的「變動不居，週流六虛」，「神無方、而易無體」。神而化之的境界，是無可方體的。一如世事的變動無常，處理那變幻無常的世事，能「應變無方」，也就是無變而不適。這就是道，也就是所謂「高明之至」者。

按：祝氏泌以為「極」不訓中，因「中」有二義，一是至中之極，即皇極、太極之極；一為過中之極，即六極之極。所謂「六極」，即窮極之惡事，如凶短夭、疾、憂、貧、惡、弱等為六極。故祝氏不主張以極訓中。當然上下四方也為六極，但與至中之義相近。

「經」也有經緯之意，經緯亦即組織之義，亦即孔子所謂的彌綸之道。

第二節　皇極之道

何謂「道」？南懷瑾先生在其新書《大學微言》裡，解釋道的內涵如下：

一、是「道路」之道。說道路就叫做「道」，所以古人解釋「道為徑路」，即是此意。

二、是一個理則，或是一個方法的原理、原則的濃縮名詞。如《易經》說：「一陰一陽，之謂道。」又如醫學上的定理叫醫道；政治上的原則叫政道；用於軍事叫兵道，以及所謂的天道、地道、人道、乃至盜亦有道等，都是指其特定法則的道。

三、是形而上哲學的代號，如《易經》所說：「形而下者謂之器，形而上者謂之道。」又如《老子》的「道可道，非常道」；《大學》開宗明義的「大學之道」等是。

四、古人說話，也叫做道。通俗小說中常有，「且聽我慢慢道來……」等，多不勝收。

五、在魏晉以後，道又變成某一宗教或學術宗派的最高主旨；或主義的代號和標誌等。如所謂的「狹義道」、「五斗米道」，乃至宋朝所說的「道學」之道等，皆謂之道。

那麼，「道」究竟指的是什麼？簡單的說，「道」，就是我們要走的路。不但是走的路，同時也是生活的路。包括了我們食衣住行，乃至生活的一切，而且是不可須臾或離的。可見道就是我們的生活。所以莊子說：「道在屎溺。」老子說：「下士聞道大笑之，不笑不足以為道。」道也是極其平常的事，切不可高推聖境。

「道」不僅為我們人類、萬物生息之所依，也是天地的法則。所以，不但萬物與人（其實邵子認為人亦為物），不能離開道，即連天地日月，也不能離開道。但道卻是初象的，無聲無形、不可得而見的。因為「道」不可而得見，所以古人借用道路的「道」之名，來顯示天地萬物「道」之理。所謂「行必由道」。「行必由道」，萬物莫不皆然。即便是無論科學如何發達，飛機、輪船、乃至人造衛星……等，皆不能離開其道而行進。因之我們從人們的生活上可以見道；從萬物的生息上，也可以見道；從國家興廢，社會的治亂上，尤其可見道。這就是所謂的「以物明道，道斯見矣」！所以說：「明道在乎觀物。」這就是先生之學的中心思想。我國各家學說的最高境界，莫不歸於道，原因在此。

「物」是什麼？孔子序《卦傳》說：「有天地，然後萬物生焉，盈天地之間者唯萬物」。孔子說有了天地，即有了萬物。大者如天地，細者如天地之間的一切——包括看的見、與看不見的，林林總總，事事物物，都屬於物的範圍。因之觀察事物的情形，就可以明白「道」的作用和有無，這也就是道的顯隱。所謂「善觀道者必以物；善觀物者必以道」，曾子《大學》之所以格物者在此。

這裡所說的皇極之「道」，邵伯溫氏以為，即「大中至正，應變無方」之謂。大則天下國家，小則衣食起居，皆以「大中至正，應變無方」，為其至高準則或規範。可見皇極之「道」，即指我們人生而言，「道」也就在我們生活之中。但生活不能離開物，天地亦為物，可見天地亦不能離開道。所以邵氏說：「有物之大，莫若天地。然則天地安從生？道生天地，而太極者，道之全體也。」太極兩生儀，兩儀就分別出陰陽之形來。兩儀生四象，而後天地之道於以完備。

又說：道生一，一為太極；一生二，二為兩儀；二生四，四為四象；四生八，八為八卦；八生六十四。有了六十四卦，而後，天地萬物之道，因而完備。

老子說：「道生一，一生二，二生三，三生萬物。」邵氏以「四象生八卦、而天地之道備」，老子以「三生萬物」。二者說法雖異，實則相同。老子「三生萬物」之後，又說「萬物負陰而抱陽」。負陰抱陽，亦即「陽負陰，陰抱陽」。陽負陰，陰抱陽，不就是兩儀生四象嗎？此其一；其次，孔子說：「有天地，然後萬物生焉。」也就是說：天地之道備，而後萬物生焉。邵氏的四象具而天地之道備，即本於此。可見二說之基本觀點是一致的。何以說「六十四卦俱，而天地萬物之道備」？何以見得，天地萬物之道，皆存在於六十四卦之中？其所以然之故，就是一部皇極所要討論的中心。六十四卦本體，雖非生物因子，但萬物生滅之數，則在其中。

第三節　汪洋浩瀚的皇極之學

明道先生說：「（康節）先生之學，純一不雜，汪洋浩大，乃其所自得者多矣。」說先生學說的傳統，一脈相傳於陳摶的先天之學，復經其探索推闡，而為浩瀚無際的《皇極經世書》，皆出之於自得者，為邵子的發明。

張氏嵋說：「（康節）先生治易、詩、書、春秋之學；窮意、言、象、數之蘊；明皇、帝、王、霸之道，著書十萬餘言，研極精思三十年。觀天地之消長，推日月之盈縮，考陰陽之度數，察剛柔之形體。故經之以元，紀之以會，始之以運，終之以世。又斷自唐虞，迄於五代，本諸天道，質以人事，興廢治亂，靡所不載。其辭約，其義廣，其書著，其旨隱。嗚呼，美矣！至矣！天下之能事畢矣！」說先生之學，從五經出發，並結合三皇、五帝治蹟的精神，與象數之學的心得，本諸天道，質驗於人事，積三十年之精研沉思，始創為至美至善的《皇極經世》之書。

西山蔡氏以為：《皇極經世》之書，是康節先生所為先天之學。其精神本之於伏羲先天卦圖。但其用字立文，自為一家；引經引義，別為一說。大體而言，即程明道先生所說的加一倍法（即一生二、二生四、四生八……者）。本於伏羲所畫之卦，以日月星辰，水土火石為代表，說明天地之體用；以寒暑晝夜，風雨露雷，以窮天地之變化；以性情形體、走飛草木，以盡萬物之感應；以元會運世，歲月日辰，以盡天地之終始；以皇帝王霸，易書春秋，盡聖賢之事業，自秦漢以來，一人而已。

蔡氏譽先生為秦漢以來之第一人。如果我們能將先生之書反復涵融，脈絡貫通，瞭解了其所說，當知蔡氏所言，誠不為過。

鶴山魏氏說：邵子生平之書，其心術之精微，在《皇極經世》。其宣寄情義，在《擊壤集》。凡歷乎吾前：王伯之興替；春秋冬夏之代謝；陰陽五行之運化；風雲月露之霽暄；山川草木之榮悴。惟所意驅，周流貫徹，融液攏落。蓋左右逢源，無毫髮滯礙倚著之意……，秦漢以來諸儒，無此氣象。

第四節　一的哲學——萬物以一為本

邵氏伯溫又說：「天地萬物莫不從一開始，故以一為本。」也就是說，天地萬物始原於一，由一分而衍之為萬，最後則復歸於一，仍然回到原點。（如天地之數，由一開始，至十仍為十一，至百則為一百，乃至千、萬、億、兆皆為一。近代科學家的基因改造，複製生命，亦即本於這個「一」的原理。天地萬物，由一個細胞，分而為千千萬萬細胞，而後其所以生生不息者，復由於一。）邵子把這個「一」，視為天地之心，造化之原能，如「復」為一陽初生，故說「復見天地之心」。只有人類，才具備這個天地萬物共有的能的全部，且不期然而然的，合於道的根原——太極。聖人能與天地一體，萬物一身。所以孔子說：「夫大人者，與天地合其德，與日月合其明，與四時合其序，與鬼神合其吉凶。先天而弗違，後天而奉天時。」聖人在其中彌綸天地之道的所作所為，就是司馬遷所說的「天人之際」的境界。

先天圖左旋順行，六陽自下而上，又復之一陽、臨二陽、泰三陽……而至乾之六陽；陰右旋逆行，由夬之一陰、大壯二陰、泰三陰……而至坤之六陰。陰陽順逆，皆起於一。

二百五十六位圖，滙一為萬，散萬為一，而為邵子學說之加一倍法（此圖爾後將行討論，茲不贅）。

從皇極經世而言，元一，會則十二；會一，運則三十；運一，世為十二；世一，年為三十。亦皆由一開始。

衍而言之，如一年十二月；一月三十日；一日十二時……亦皆由一開始。一元十二會，三百六十運，四千三百二十世，十二萬九千六百年，一百五十五萬五千二百月，四千六百六十五萬六千日，亦始於一。

如以大小運數圖而言，自乾之一，夬之十二，大有之三百六十，以至於復之二千六百五十二萬八千八百七十垓零三千六百六十四萬八千八百京零二千九百四十七萬九千七百三十一兆二千萬億之數，亦皆由一而始（以上數字乃六十四卦之半）。

這裡所說的一，也可以說是數的起始。如以日月星辰，代表元會運世，那麼日便是元。元為一年之氣的開始，數一；月為會，會乃數之相交而成者（所謂交，即日月交會的意思，數之相交，如二六一十二，三四一十二等），其數為十二；星為運，運是時間的運行，其數為三百六十（如一年三百六十天）；辰為世，世為事之變，其變化的情形，到此為一段落（也可說是一年的結果），其數為四千三百二十（如一年十二月，三百六十日，四千三百六十時）。我們看一歲之數，即知一元之數。若以一歲作一元來看，則元為歲之大者，月、日、時則為歲之小者。但是若從歷史來看，那麼歲又是很微小的了。一元統十二會，三百六十運，四千三百二十世，十二萬九千六百年；一歲統十二月，三百六十日，四千三百二十時，十二萬九千六百分。乃至日時分秒，皆統於元，而復歸於一（反而言之：十二萬九千六百分，為四千三百二十時，三百六十日，十二個月，最後仍是一年）。終始往來而無窮盡。就時間來看，是日出日落，寒來暑往；就人事來看，則是治亂興廢，分分合合，一切皆逃不出這個由「一」而生的「數」。

天地所以生萬物，當然也不能外於數。而數卻與氣息息相關，氣有順逆，從歷史看，太平盛世的賢人君子多，就是受天地「順氣」的感應之故；反之，一個衰亂之世的來臨，則必然是小人成群，所以《經詩》便說：「憂心悄悄，慍於群小，小人成群，斯足憂矣！」小人成群，就是「逆氣」感應之故的結果。

順逆由數，數「應時」而生，這就是產生了時的問題。後人遂將世事的遇與不遇，歸之於時（一般人生於太平盛世，謂之得時或逢時、遇時。生於亂世，為不得其時，或不逢時、不遇其時。智者生得其時，有明君的賞識叫遇時，反之則謂不遇。如唐人劉長卿詩：「漢文有道恩猶薄，湘水無情弔豈知！」賈誼便是雖生於明時，亦有明君，而不得其遇的人。王勃〈滕王閣序〉中便有「屈賈誼於長沙，非無聖王，竄梁鴻於海曲，豈乏明時」的慨嘆。於是數與時，便成了顯現「順逆、盛衰」的界定標尺。所以常常聽到懷才不遇者「時不我予」的慨嘆。包括孔老夫子在內，也不免於「時乎！時乎！」的感慨。孟子見魯侯不遇，也嘆息說：「吾之不遇魯侯，天也！」孟子所嘆的天雖然指的是造化，究其實，也是時的問題。

第五節　時與事——天人之際的問題

邵氏以為：「順逆之應，係由於人心之所感。」可見天人之際，是非常嚴肅的問題，是不可以稍忽的。司馬遷〈報任少卿書〉，謂其書百三十篇，亦欲以「究天人之際，通古今之變」。意思是說，從天人關係的研究，可以瞭解古今治亂興衰的變化之道，以為後世從政者的參考。邵氏「順逆之應，係由於人心之所感」的話，可為「究天人之際，通古今之變」的注腳。古人對此，十分重視。

春秋時有一則故事說，宋國因為霪雨為患，發生大水，人民遭遇到很大的災難。魯國派代表來慰問災情。宋君接見魯國的使臣，首先引咎自責，不說這是「無法避免的天災」來推卸責任，委過於天，卻把災害的發生，歸咎於自己的施政不當，是由於自己未能勤政愛民，防患未然之故。所以上天才降臨災禍，來懲罰於宋國。對魯國的關心和慰問，表示感激。孔子聽到了這則新聞，非常讚賞的說，過去桀紂就是因為不能承認自己的錯誤，不能自我檢討，以改正其缺失，才不旋踵而身死國亡；成湯、文王，能夠不斷檢討自己，他的興盛，也如立竿見影。可見過而能改，就不稱其為過了。宋君聽到了孔子的讚美，便愈加勤政愛民，所謂「夙興夜寐，弔死問疾，戮力於內，三歲而年豐政平」。可見天人之際，關係於治亂興衰，有著密切的關係。

邵氏又說：「大哉，時之與事乎！聖人之所以極深而研幾也。」時與事是一個非常玄祕，而又重要、嚴肅的課題。歷代的思想家、政治家，都希望能夠運用時而掌握事，從而理出一條社會安和、民生樂利的頭緒。所以在春秋戰國時代，就已經百家爭鳴了。雖然各家都很自信，他們都有一套解救人生問題的靈丹妙藥。但仍然是亂世常多，而治世常少。這就是時與事，不能相應之故了。

又說：「時者天也，事者人也。時動而事起，天運而人從。猶形而影會，聲發而響應歟？」時動是天之自然，事興乃人事之必然。如天時有春夏秋冬，人事有治亂興廢。換言之，時間之流——即天體之運轉，無須臾或息，人事亦隨時而生，其演變亦無時或止。天時動、人事應，天時與人事，就像「如影隨形，如響斯應」一樣。所謂「時行而不留，天運而不停」，這與董仲舒所言，天地之間的「（陰陽之氣）未嘗有所稽留滯鬱也」；「亂世之所起，皆因天地之化而成，敗物乘陰陽之資，以任期所為，所以為惡」；「人居天地之間，常與治亂之氣相流通，故人氣和而天地之化美，反之則否」；「從天下小事情的發展，便可以推知人事之亂治，風氣之邪正」（見《春秋繁露・如天之為第八十》）。凡此「皆天地之化的結果」等說，語異而實同。

《白虎通》說：「天所以有災變何？所以譴告人君，覺悟其行，欲令悔過修德，深思慮也。」《援神契》也說：「行有點缺，氣逆於天，情感變出，以戒人也。」（《援神契》，古書名，是一本講孝道的書，現在已經失傳了。）

古人以神道設教，特別著重於天時與人事的感應。孔子對此一問題，在《易經》中僅作了「天垂象，見吉凶」；「（自天祐之，吉無不利）天之所助者，順也；人之所助者，信也」；與「積善之家，必有餘慶；積不善之家，必有餘殃」等原則性的提示。在《春秋》書中，雖然對災異的發生，多有記載，但卻很少談到天人之應的問題。這是因為孔子顧慮到如果偶有不應，便會使後世的不肖人君，更因而無所畏懼，肆無忌憚了。雖然，現代人——尤其知識分子，多不相信天人之應的說法。但天人之間的問題，是一個極其深奧、玄密，而莫測的問題，所以「聖人之所以極深而研幾也」。

顧炎武氏在其《日知錄》中，關於此一問題，為我們提出了較為合乎邏輯的看法。顧氏說：「善與不善，一氣之相感，如水之流濕，火之就燥，不期然而然，無不感也，無不應也……。其有不齊，則如夏之寒，冬之燠，得於一日之偶逢，而非四時之正氣也。」顧氏之意是說：關於善惡之應的問題，如水之於濕，火之於燥，是自然而然的，是不期然而然的（當然也非鬼神所能伺的）。如果有所不應，如夏日的冰雹，冬日的小陽春，那是一種偶然，而不是當然和必然。

阮印長氏說：「天人之際微哉，無有以知其緘矣！」

阮氏以為，人事能影響天時，期間的道理，極其深微，非常智所能窺。簡單的說，人與天地呼吸相同，大氣之通塞，能利人病人；人心之善惡，亦能利病天地，所謂「衰周無寒年，暴秦無燠歲」。水蒸氣上升，遇冷為雨，其在不同的狀況下，或為霜露，或為雹雪，雖成分無異，其對於生物的影響則不一。天時人事，亦然如此，故時有雨灰、雨血、雨肉、雨湯等怪異發生（如商紂末年、梁武帝大同三年壬寅，皆有雨灰情事發生，此點可解為蒙古風暴。但晉惠帝元康三年，彭城呂縣，流血百餘步；北齊武成帝河清二年冬十二月，雨血於太原……等，則無以為解）。阮氏以為這些怪異，皆因受天人的感應而致。如「人心趨善，則天現吉兆；人事乖變，則天兆戾氣」之故。這種天人感應的道理，能使智者惕，愚者怪，但很難用物質與科學方法來解釋。最後阮氏非常感傷的說：「挽近世風日薄，德教衰頹，水旱災害，歷見疊至，正氣消沉，戾氣充斥，道德視同土芥，疏濬亦託空言。來日必天災流行，人禍愈迫，加之以師旅，因之以饑饉，民如之何，國如之何？」

這是阮氏民國二十一年時（一九三二）說的，未幾，剿匪，八年抗戰，第二次國共戰爭，國軍退離大陸後，又有人民公社，大躍進、文化大革命，看看現在的世事，真的不幸而言中了。

天人之應的說法，確然是十分科學的事。證之近年來，太空臭氧層的被破壞，日益嚴重的問題。舉世科學家，所共同憂心憂心忡忡的二氧化碳廢氣，與原始熱帶雨林，遭到毀滅性的破壞，而無對策。換言之，即汽車、空調所排放之廢氣增加，大自然吸收二氧化碳廢氣的功能被破壞之故。汽車、空調所排放之廢氣我們看的見，雨林吸收廢氣的功能我們未能看見，但科學家看的見。而我們人所排放的怨氣，雖然目前科學家們還看不見，但亦不能即否定其無有。再從人生來說，如果我們心情愉快，便可以產生良性荷爾蒙。反之，如果我們心情不愉快，便可以產生惡性的毒素，違害我們的健康。以之來看大戰後，必有凶年，大災之後，疾疫流行。已經是人人皆知的常識。縱觀古今歷史，世上的天災人禍，未有不是來之於領導者之人謀不臧所致。（譬如執政者的施政方針，如果真正為人民設想，而施政有方，縱然或不免於天災，但卻可減少人禍，再者由於政府能任賢與能，亦可未雨綢謀，將災害降至最低限度。）至於「人心究否能干天和」的問題，卻有令人深思之處，而不宜遽予否定。因為天地間事，我們人類所知道的，畢竟猶有未盡。九七前後，筆者嘗赴中國大陸，無論行至何地，天空中均有一種愁雲慘霧之狀，即便是深山僻野亦不例外。究其原因，既無工業廢氣污染，亦無蒙古風暴發生，其所以不見朗朗清空之故，是否與十年風暴之戾氣與人倫失序有關，也說不定。至其究竟，殊難索解。可見天人之際，是一個玄微幽深的問題。

然則，此一問題，古人多確信不疑。

所以邵氏又說：「天之時，由人之事乎？人之事，由天之時乎？故天有是時，則人有是事；人有是事，則天有是時。興事而應時者，其惟人乎？有其時而無其人，則時不足以應；有其人而無其時，則事不足以興。有其人而無其時，則有之矣；有其時而無其人，蓋未之有也。故消息盈虛者，天之時也；治亂興廢者，人之事也。有消長盈虛，而後有春夏秋冬；有治亂興廢，而後有皇帝王伯。唐虞者，其中天而興乎？堯舜者，其應運而生乎？何天時人事之相驗歟？先之者，則未之或至；後之者，則無以尚之。其猶夏之將至，日之向中乎？故聖人刪書，斷自唐虞，時之盛也；修經始於周平，道之衰也。故聖人懼之，以二百四十二年之事，繫之以萬世之法。法者何也？君臣、父子、夫婦，人道之大倫也。……《春秋》，有天道焉，有地道焉，有人道焉。王者舉而用之，則帝王之功，豈難致哉？」

邵氏這一段的論點，除了強調天人之應外，並說明了「時與事」的錯綜關係，其中的關鍵點，即在於人。惟有人始足以「興事應時」。並以堯舜應運而生，為天時人事之驗。結論以孔子《春秋》二百四十二年所記載的「君臣、父子、夫婦」等人道大倫為核心，以為萬世之法，為後世治平之要道。所謂「王者舉而用之，則帝王之功，豈難致哉？」這是皇極經世的中心思想。（以上見邵伯溫氏《述皇極經世書論》）

第三章　皇極經世其書

第一節　元會運世的科學方法

《皇極經世》是康節先生，本於《易經》所謂之盈虛消長，窮通變化的原理，所構成的歷史哲學。他的方法是執簡御繁，從最簡單的「一」開始，用我們日常所習知的事物禮數，予以發揮擴大，衍而至億兆京垓，天地萬物。如依年十二月，一月三十日，一日十二時等（古人用子丑寅卯等地支計時），擴充至千億萬年，乃至於天地萬物之終始。換言之，也可以說先生把一個冰河時期萬物之生滅，濃縮於一。誠如先生所謂之「中間三千年，迄今之陳跡，吾能一貫之，皆如身所歷」。其方法，即皇極經世，所推演的元、會、運、世。

元、會、運、世，也可以用年、月、日、時，日、月、星、辰，水、火、土、石，陰、陽、太、少等來表示。這些名詞，不但含有陰陽動靜，也含有氣質性情。可見《皇極經世》，不但是一部歷史哲學，也是一部極其宏偉的易學觀，更是經世之道的一部奇書。

元字的意思，說文解釋為始，《春秋元命苞》說：「元者，端也。」始初就是元，後人用為紀年的代號。先生《皇極經世書》，即以元統會，會統運，運統世。

會的意思，是取於日月交會之意，由於日月交會，所產生的天文情況，古人叫做晦朔，大約三十大一次，形成了月尾和月初，日月交會十二次，為三百六十度之週，恰為一年，故一年十二個月，一元十二會。

運有行和轉的意思，也有遠古和週遍與天命的意思，如所謂的命運等意。

《說文》以三十年為一世，父子相繼也叫世，朝代的年歲也叫世，過去、現在、未來的流轉也說世。可見元會運世，是代表歷史週期和階段的名詞，並含有動靜、性情等特性在內。

先生以元會運世為綱領，反復推衍，擴而充之，以一元之數，來概括十二萬九千六百年間、萬物之生滅。以冬至子之半，為天開之時。（就一年的氣候說，冬至的二分之一，是天地陰陽之氣相交的時候，亦即陰消陽生的時候，所以古人以陰曆十一月為建子之月，十二月為建丑之月，正月為建寅之月。以卦來配合，是先天圓圖復卦的時候，即所謂之一陽來復。）自圓圖復卦開始，向左旋，經頤、屯、益、震……六十三卦，以迄於坤為一週。六十四卦，除去乾坤坎離四正卦，為直四時、二十四節氣之卦而不用外，共用六十卦，為直會之卦，每會五卦，其所分之卦，即為運卦、運卦所分之卦為世卦。

各數皆自內而外如姤乃五一非一五復乃四八非八四也

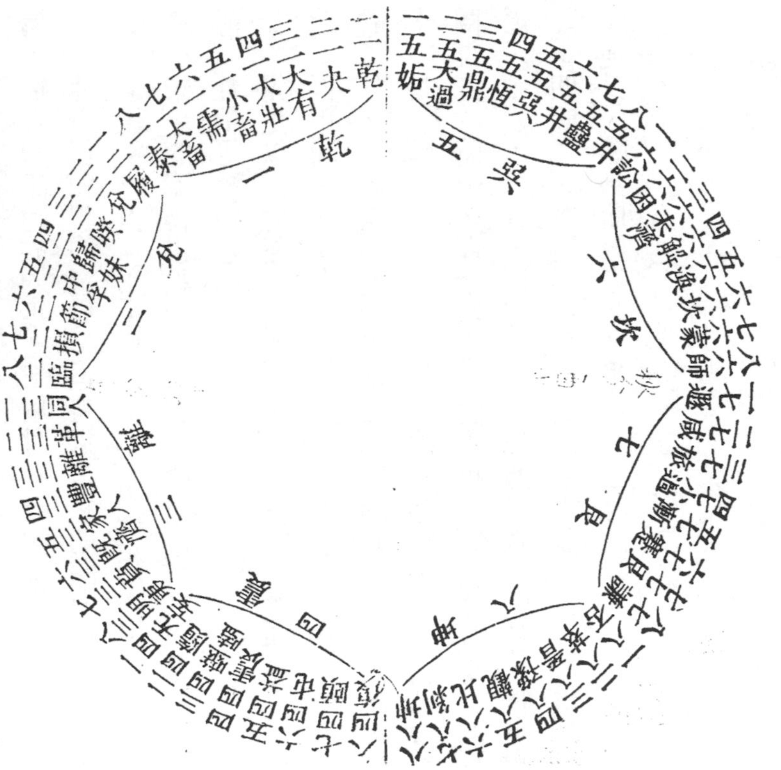

伏羲先天六十四卦之數圓圖

八八 坤	七八 剝	六八 比	五八 觀	四八 豫	三八 晉	二八 萃	一八 否
八七 謙	七七 艮	六七 蹇	五七 漸	四七 小過	三七 旅	二七 咸	一七 遯
八六 師	七六 蒙	六六 坎	五六 渙	四六 解	三六 未濟	二六 困	一六 訟
八五 升	七五 蠱	六五 井	五五 巽	四五 恒	三五 鼎	二五 大過	一五 姤
八四 復	七四 頤	六四 屯	五四 益	四四 震	三四 噬嗑	二四 隨	一四 无妄
八三 明夷	七三 賁	六三 既濟	五三 家人	四三 豐	三三 離	二三 革	一三 同人
八二 臨	七二 損	六二 節	五二 中孚	四二 歸妹	三二 睽	二二 兌	一二 履
八一 泰	七一 大畜	六一 需	五一 小畜	四一 大壯	三一 大有	二一 夬	一一 乾

先天六十四卦之數

清人江氏慎修，先天六十四卦圖說謂：「先天之學精微，全在八卦橫圖與圓圖，可以上推圖書之所以合，下推後天之所以變，義蘊無窮。」又說：「邵子經世書，於此圖諄復言之，且云：『圖雖無文，吾終日言，而未嘗離乎是。』蓋天地萬物之理，盡在其中。朱子謂：『易之心髓，全在此處。』」可謂至言。《皇極經世》之核心思想，即在此圖。

元會運世並用干支，元與運用天干，會與世用地支。這是因為元與運為陽，會與世為陰之故。同時元會運世，也可以用日月星辰為代，「以元經會」圖的方法即是用干支，請參考附圖。

元	日	甲一
會	月	子一離旅 丑二 寅三 卯四 辰五 巳六 午七 未八 申九 酉十 戌一一 亥一二
運	星	甲一復坤 乙二臨 丙三明夷 丁四 戊五 己六 庚七 辛八 壬九 癸十
		甲一一 乙一二 丙一三 丁一四 戊一五 己一六 庚一七 辛一八 壬一九 癸二〇
		甲二一 乙二二 丙二三 丁二四 戊二五 己二六 庚二七 辛二八 壬二九 癸三〇
世	辰	子一 丑二 寅三 卯四 辰五 巳六 午七 未八 申九 酉十 戌一一 亥一二
		子一三 丑一四 寅一五 卯一六 辰一七 巳一八 午一九 未二〇 申二一 酉二二 戌二三 亥二四
		：：
		子三四九 丑三五〇 寅三五一 卯三五二 辰三五三 巳三五四 午三五五 未三五六 申三五七 酉三五八 戌三五九 亥三六〇

以元經會圖，通常的讀法是「日甲一；月子一、丑二……亥十二；星甲一……癸三十；辰子一、丑二、寅三……亥十二」等。

日甲一，即指元而言，十二會為一元，故元自一始，二、三、四不見，以示無窮之意。故不言日甲一、乙二、丙三……。

月子一，即日甲之第一會，通常稱子會；丑二為第二會，稱丑會……亥十二為第十二會。星甲一至癸三十為一會之三十運。

辰子一、丑二、寅三……亥十二，為一運之十二世，亦即三百六十年。辰子一、辰子十三，辰子二十五……辰子三百四十九至亥三百六十，即一會之三百六十世。

可知「日、月、星、辰」，即所謂之「元、會、運、世」。世事變化萬千，亦如日月星辰之變動不居，故以日月星辰稱之。

至於「月子一」下的離，則是說離主春季之三個月，旅是離初爻所變，主小寒起之十五日，離的二世卦為大有，主冬至至小寒十五日，依次類推。

至於「星甲一」下之復，即所謂之值卦，或謂卦直，或稱大運。每會有五個值卦，十二會共有六十個值卦，此六十卦亦謂之正卦，即六十四卦去離乾坎坤四卦後之六十卦，自六十四卦圓圖右下之復起，歷頤、屯、益、震……迄圖左下之剝，為十二會之卦直，亦即所謂之大運。

至於復下之坤卦，即所謂之運卦，乃為復初爻所變，一般稱「大運復之坤」。

運卦是由值卦變來。每卦六爻，共六變，復、頤、屯、益、震五個六變，得三十卦，即每會之三十運卦。如復初爻變坤，二爻變臨，三爻變明夷，四爻變震，五爻變屯，上爻變頤。自星甲一復之坤，歷星乙二之臨，星丙三之明夷……星癸三十之噬嗑，為子會之三十運值運之卦，每卦亦六變，自初變起，六爻所變之六卦，為值世之卦，每卦直二世，六卦直十二世，即所謂之世卦。

至於年卦，當於以運經世時，另行介紹。

祝氏泌說：康節《皇極經世書》，共六十餘篇，一卷、二卷為元經會；三卷、四卷為會經運；五卷、六卷為運經世，總名之曰皇極經世。元經會，總共十二萬九千六百年為元，為觀天之數；會經運，紀生物的開始到毀滅二百五十運，共九萬七百二十年為元，為觀地之數；為歷紀綱領。運經世，紀有史以來理亂的變遷，人物之泰否，為觀人之數。又說：「康節之書，為經綸斯事而做。名曰經世，憂世變也。」

第二節　元會運世為易學極峰——納萬物演化于易卦之中

近人阮印長氏說：「邵子依大易陰陽循環不已之理，構成《皇極經世》宇宙觀，為易學造極峰，亦為東方輪化論之唯一系統說明者。但其真本，歷代知者甚稀，坊間所刊，僅其小數部分，殆因所言數量至大，恐為庸俗所疑，故秘而不傳歟？」

又說，《皇極經世》本易理演數，納天地萬物、循環演化于六十四卦中。以象表物，物無盡而象亦無盡；以卦繫時，時無窮而卦亦無窮。時以一日為中點，由日而下，每日析十二時，每時析三十分，每分析十二秒，愈析愈微，短至無限。由日而上，積三十日為一月（即月球繞行地球一周之時量），積十二月為一年（即地球繞行太陽一周之時量），積三十年為一世（即太陽繞行大恆星四千三百二十分之一），積十二世為一運（即太陽繞行大恆星三百六十分之一），三十運為一會（即太陽繞行大恆星十二分之一），積十二會為一元（即太陽繞行大恆星一周之時量），積十二萬九千六百元為一大元（即此世界成壞之時量），元前有元，長至無盡。

一大元攝十二萬九千六百元，分繫於六十四卦，每卦所轄元數多寡不同，天地初成，時間甚長，人類文化存在時間較短，文化退落。天地復壞，時間又長。如此，一元前逝，一元續來，循環無端，是為不可思議之輪化。

阮式並就皇極所推，自「天始開闢，至虛空粉碎」之六十四期之元，之年數如下：

第一期乾卦直令，統六萬元（計七十七億七千六百萬年），天始開。

第二期坤卦直令，統三千六百元（計四億六千六百五十六萬年），地始成。

四象運行圖一元大數表

元	會	運	世
日甲一	月子一	星甲一至癸三〇	辰子一至亥三百六〇
	月丑二	星甲三一至癸六〇	辰子三百六一至亥七百二〇
	月寅三	星甲六一至癸九〇	辰子七百二一至亥一千〇八〇
	月卯四	星甲九一至癸一百二〇	辰子一千〇八一至亥一千四百四〇
	月辰五	星甲一百二一至癸一百五〇	辰子一千四百四一至亥一千八百
	月巳六	星甲一百五一至癸一百八〇	辰子一千八百〇一至亥二千一百六〇
	月午七	星甲一百八一至癸二百一〇	辰子二千一百六一至亥二千五百二〇
	月未八	星甲二百一一至癸二百四〇	辰子二千五百二一至亥二千八百八〇
	月申九	星甲二百四一至癸二百七〇	辰子二千八百八一至亥三千二百四〇
	月酉十	星甲二百七一至癸三百	辰子三千二百四一至亥三千六百
	月戌十一	星甲三百〇一至癸三百三〇	辰子三千六百〇一至亥三千九百六〇
	月亥十二	星甲三百三一至癸三百六〇	辰子三千九百六一至亥四千三百二〇

以上月子一為子會第一；星甲一至癸三十，為子會之三十運；辰子一至亥三百六十，為子會之三百六十世。元一，會自子一至亥十二；運由星甲一至癸三百六十；世由辰子一至四三千百二十。元會運世之數，日月星辰四象之運行，當一目瞭然矣。

第四節　皇極經世書之卷帖

邵氏伯溫說，《皇極經世書》共十二卷。

一至二卷，總談元會運世之數，亦即易所謂天地之數。

三至四卷，以會經運，列世數與歲甲子，下紀自帝堯及夏商周至五代歷年表，說明天下離合治亂的脈絡，是以天時來驗明人事的。

五至六卷，以運經世，列世數與歲甲子，下紀帝堯及夏商周至五代歷年表。是從歷史、傳記中所記載的興廢治亂、關係於得失邪正。是從人事已觀察天時的。

七至十卷，是以陰陽剛柔之數，來研究律呂聲音之數，以律呂聲音之數，來研究動、植物及飛禽走獸之數。

十一至十二卷，論《皇極經世》所以成書之故。從日月星辰，飛走動植之數，以探討天地萬物之理；從皇、帝、王、霸之事跡，以彰明大中至正之道。則陰陽之消長，古今之治亂，皎然可見。所以書名謂《皇極經世》，篇名謂〈觀物〉。這就是所謂的《皇極經世書》。

但是很遺憾的，這部曠世奇構，遠在明朝時，即已很難見到其全書了。明嘉靖時，余本（人稱南湖先生）在其《皇極經世觀物外篇釋義》序中說：「邵子皇極之說，悉本之先天圖，精深玄微，妙及天人之際，惜其學不傳。間有能道之者，多彼此異同，不能盡合。蓋得其一二，旁取之他書，以附足其說也。究未審孰為真傳本學，於此已逾一紀。深惟〈觀物外篇〉，出自其門人所記，疑得其真。起例秘訣，雖未盡具，然大要不外是矣！惜紛亂無序。張文饒、吳草廬雖嘗校正，尚多脫誤。本，不揣（南湖先生自謙其不揣固陋），重加考定，遂條為之解，藏之巾司，以備觀覽……。」可見明時，皇極之書，即亦不多見了。

按：本，字子華、號南湖，明四明人，正德進士，著有《禮記拾遺》、《春秋傳義》等書，生平以正風俗、作育人才為己任。

清人何孟瑤氏（雍正進士），在其所著《皇極經世易知》書序中亦說：「《皇極經世書》原本不得見，趙氏震謂：『〈元會運世〉六卷，凡三十四篇；〈聲音律呂〉四卷，凡十六篇；〈觀物〉十二篇』。云十二篇，當事兩卷，觀邵伯溫謂全書凡十二卷，可知也。為篇則六十有二，合門弟子所記〈外篇〉上下，計六十有四。而程子為康節銘墓，稱先生有書六十卷，命曰《皇極經世》。殆以篇為卷，以〈觀物〉十二篇為十卷耶？」

又說：「吳粵黃文裕公謂：『性理大全所載，乃蔡西山指要，非全書也，全書厥。考粵州先生得諸《道藏》，手自抄錄，為之傳注，今觀其篇目，恐亦非舊。蓋併〈元會運世〉六卷為三卷；併〈聲音律呂〉四卷為一卷；合〈內、外篇〉為四卷，即非本來面目。』」深澤王氏植亦云：「黃氏註《經世》謂是原書，乃閱其全帙，本末略具，而中亦不無裁截，然則欲求原本、難矣！」

又說：「原本既不可得，姑依黃書以補元會運世三十四篇之缺，而二卷紀年紀事，併多訛舛，唐末以後尤甚。邵子不應於近代疏漏至此，當是傳寫之誤。王氏據鑑史改定，均非原文，擇善而從可也。至於注釋，穿鑿附會，所失非一。〈外篇〉尤多異論，黃氏於祝泌、廖應淮、張行成、牛無邪之說，悉行辯正，其功不淺。然辭義簡奧，如攻堅木，其初甚難，漸乃說解。其管窺十二篇，則又汪洋浩渺，茫無涯涘，令讀者如河伯相若，旋其面目，初學病之。嘉靖中，四明余氏本，嘗注〈外篇〉釋義四卷，頗能發明，而魚魯亥豕，十之二三。兩書尋究均不易，點堪兩載，始有條理，隨手劄記，積成八卷。另為圖一卷冠諸其首，名曰〈經世易知〉。」

阮氏印長以為，邵子原書分上中下三篇，天地造化之道，具載上篇世不傳，中篇俗稱內篇，下篇俗稱外篇，而多後人竄亂倒錯之作。細繹全書之理，精深博大，殆絕古今。惜當時二程聞之而不能信，其胤子伯溫信之而不能傳，庸人狃于四千年有史時代之短見，驟聞億萬巨大時量，駭且走，而「天開於子、地闢於丑、人生於寅」之淺隘俗說，反深入人心，流傳不息。亦猶之西方大乘佛理湮沒既久，賴有龍樹菩薩，發揮而光大之，然天竺人轉疑大乘非佛法，棄而不取。嗚呼！位高無民，學高無朋，行高無侶。古今中外，有同慨哉！

阮氏則以為《皇極書》分三篇，不知何所據而云然。

美國國會圖書館，現藏有《皇極經世全書》十六卷，無刻書人名氏，亦無序文、跋、及年月日等記載。但從其版式來看，似萬曆間刻本，共有〈皇極經世〉十卷，〈觀物內篇〉一卷，〈觀物外篇衍義〉三卷，〈漁樵對問附集〉二卷，計共十六卷。〈觀物外篇衍義〉，每卷上中下三章，總為九卷。全書分四函，共二十四冊，大字木刻，頁十二行。清同治年間，曾有讀者作有眉批，判斷此書應為乾雍時刻本。前有張行成序，即行成所撰者。

按張氏衍義，四庫乃從《永樂大典》輯出。《四庫全書》珍本，又依輯本印行，故輯本得如是完整。

至於提要所說：「魏了翁嘗稱能得易數之詳，而書不盡傳，恐宋時即已散佚了。朱彝尊《經義考》，但載《皇極經世索隱》，而不及此書，可知其沉湮已久。」

筆者曾于二〇〇〇年六月中旬，赴美國哈佛大學，燕京圖書館查訪，該館藏書，約有六、七個版本。大要如下：

一、《邵子全書》，明永樂年間版。

二、《皇極經解》。

三、《四庫全書存目藏書・子部》，《皇極經世》八卷。

四、《皇極經世書》八卷，一七五六年刻版，乾隆丙子八月，王植有序。

五、《四庫未收書輯刊》，清劉紹攽著。

六、《皇極經世書》八卷，濟南齊魯書社一九九七年出版。

七、《皇極經世全書》，中州古籍出版社一九九三年出版。

以上明清版諸書台北國家圖書館，均有微縮複製件，並可複印，惜複印工本較昂，體積甚巨，使用不便為憾。

另近年江西出土之《重刊邵堯夫擊壤集》及《邵堯夫先生詩集》，也是極其珍貴的宋版書。

《古今國書集成》與中國歷代經籍典，亦僅錄其〈魚樵答問〉、及〈論易〉三則，與〈大易吟〉二首而已。

我們今天研究此書，困難有三。

其一、宋後研究此書者不過十數家，缺乏參考資料。即黃氏之註，何氏尚謂「辭義簡奧，如攻堅木」，可見一斑。

其二、原書既佚，難窺全豹，邵書旨意與各家所說，無從印勘。

其三、最重要的是《皇極》其書，堂廡特大，包括天文、地理，歷史、人事、數理與聲音唱和。誠如梁啟超氏所說：「別人無此聰明，極難進入其境界。」

所以清乾隆時的王植先生，便非常感慨的說：「《宋史・道學傳》首列周、程、張、邵、朱六子，百世同稱大儒，今《太極通書》及程朱之學，弦誦遍宇內矣！而橫渠、康節之言，獨苦艱深玄奧，類不敢涉其藩籬。夫二子於前聖未闢之奧，憑其妙悟神契，淵然獨造幻微。今人幸生二千年之後，反畏艱疑阻，不能循途已窺牖，自棄何亟邪？」可見自宋以後，橫渠、康節之學，所以難傳之故。

茲依《四庫》文淵閣本，與夫張文饒、祝氏泌、明朝余本《皇極經世釋義》、清乾隆十一年丙寅，劉斯組依黃粵洲注釋整理而成之《皇極經世諸言》，與夫乾隆二十八年南海何夢瑤氏、準佘、黃諸說，所撰之《皇極經世易知》；與夫王氏植《皇極經世書發明》等有關諸書，以探討之。

譾陋如余，亦曷敢言窺牖探奧？唯冀得竟斯卷，庶幾於孺慕先哲之思耳！

又，書中凡康節先生之言，則用先生或邵子；其子伯溫之言，則用邵氏以資區別。

二〇〇〇年六月二日初稿
二〇〇〇年九月二十日彥民學校復校，並再校
二〇〇一年元月十六日再校修纂於台北寓
二〇〇二年元月一日再校修纂於加拿大之本拿比
二〇〇二年七月十六日再校修纂於加拿大之本拿比
二〇〇二年九月十日再校修纂於美國華盛頓DC
二〇〇三七月二十三日再校修纂於台北寓

第二篇　元會運世今解

第一章　皇極概說

第一節　開宗明義話皇極

曾子：「大學之道，在明明德，在親民，在止於至善。」邵子《皇極經世書》，顧名思義，即在於以「皇極」之道來經世，經營時代、社會與國家。「皇極」二字，始見於《書經．洪範》，箕子對周武王之問：「皇建其有極？」「洪範」就是大法，「極」如北極之極，不可更易變革。即孔子「為政以德，譬如北辰，居其所，而眾星共之」之意。

中國學術類編《古今圖書集成》，有《皇極典》九百卷。內容包含自盤古以來，歷代帝紀之郅治、亂否等。是皇極二字，含義甚廣，邵子《皇極經世書》，自亦關乎歷代之「衣冠、禮樂」，與社會之治亂興衰。

後人對《皇極經世》書名之定義，各有不同的詮說，先生胤子邵伯溫氏，本於邵子「至大之謂皇，至中之謂極，至正之謂經，至變之謂世」之說。認為「大中至正、應變無方」就是「道」。釋「皇極經世」為「大中至正」。

宋人祝氏泌說：「皇大也，極也，已至，而不可踰，無過不及。」又說：「屋棟為極，天心為極，高之至也。皇極猶太極也」。康節先生曰：「太極，極，是皇極者，大道之至，如中庸至德之至也。」又說：「極有二義：至中之極，皇極，太極是也；過中之極，六極是也，故極不訓中。」是祝氏不同意於「極」作中解。

按：六極有二說。

其一：窮兇極惡事謂極：一曰凶、短、折；二曰疾；三曰憂；四曰貧；五曰惡；六曰弱。如《楚辭》：「滑餘命兮、遭六極。」其二：上下四方謂六極。如莊子「以出六極之外，而遊無何有之鄉」等是。

明人朱氏隱老則以為：「皇訓大，極訓中。」是邵子的意思。

又說，「經世」二字，苗脈於《莊子》之「《春秋》經世先王之志」。是說先王曾以皇極「經世」，後王亦宜如是而經世。蓋世雖有變，而所以經之道不變，不變者，即常也。但並非以世為變，蓋不能無變者「世」也，而「世」並非即所謂之變。（意思是說：世固然時時在變，但「世」之本字，則非所以釋變。經之之道則不變，世是世，變是變，不能釋世為變）。必也先辨乎此，而後可以釋「經世」之意。

是書非但經世而已，經世之上有經運，經運之上有經會，三者不同，而概以《經世》名之，乃由於世之貫於元、會、運。猶時之貫於歲、月、日。小者之積，固所以為大者之成也。祝氏曰：「元經會，觀天也；會經運，觀地也；運經世，觀人也；聲音律呂，則又以之觀物矣！」

是隱老不同意「釋世為變」，而主「皇為大、極訓中」之說。

清人王氏植謂，皇極二字，見於〈洪範〉之「建用皇極」。王氏以為，所謂皇極，也就是君極。極就是至，即至德之極。昔人作大中解，於理欠通。並認為邵子先天之學，道在三皇，故言皇、帝、王、伯（伯即古霸字），而曰帝一變至於皇，言皇為帝之至。《邵康節先生自著無名公傳》亦云：「羲軒之書，未嘗去手。」則皇極非但君極之謂，而以三皇之君極為義。並認為邵子「皇極」二字，與大中至正無涉。復引朱子「康節當時只說與王某（王天豫），不曾說與伯溫」的話，來佐證其說。

按：〈洪範〉乃書經篇名，內容包括九個大專題，故稱「洪範九疇」。乃周武王請教箕子治國之道。據說大禹治水時，上天曾賜禹洪範九疇。禹用以治平水患，九疇之五，即為「建用皇極」。皇指君，建即建立，極即至德、至善、至美，有標準、極則，無以過之之意。

康節先生，在其《擊壤集》〈安樂窩中一部書〉詩內，對「皇極」二字，有非常明白的釋說。

先生自我設問說：「〈安樂窩中一部書〉，號云皇極意何如？春秋禮樂能遺則，父子君臣可廢乎？」邵子說他之所以用《皇極》來名其書，只有「春秋、禮樂，父子、君臣」八個字。這八個字，也就是「建用皇極」的基本精神。其所以形成斯書者，則是從伏羲、軒轅、開闢以來，歷堯、舜、禹、湯、文武、周公、孔子……千百聖主、賢相，治國之道的結晶。即邵子所謂之：「日月星辰高照耀，皇王帝伯大鋪舒，幾千百主出規制，數億萬年成楷模……」之義。因而著為《皇極經世》一書，寄望於天下的長治久安，要未來的為君、為臣者，以踵前武。並認為後人對往史的得失檢討與批評，都無補於時艱，當下人民安和樂利的生活，才是最重要的。所以邵子又說：「既往盡歸閑指點，未來須俟別支吾。」毋庸費辭，皇極之義，已非常明白了。

邵子為什麼提出「春秋禮樂，父子君臣」，這八個字呢？

「春秋」為我國歷史上，第一個割據紛爭之大動亂時代。所謂「弒君三十六，亡國五十二」。君主不能保其國、諸侯不能保其家、大夫不能保其身，父子君臣之序亂，人民不堪其苦。於是孔子乃本《魯史》而作《春秋》，記載周平王東遷之後，二百四十二年間，列國君王、大臣，所作的好事、壞事……，給後人一個警戒，一個榜樣。

史公司馬遷說：「故有國者不可以不知春秋，前有讒而弗見，後有賊而不知。為人臣者不可以不知《春秋》，守經事而不知其宜，遭變事而不知其權。為人君父而不通於《春秋》之義者，必蒙首惡之名。為人臣子而不通於《春秋》之義者，必陷篡弒之誅，死罪之名。」就有這麼嚴重。

春秋更是二百四十二年之中，天下正義的標竿。所謂「貶天子、退諸侯、討大夫……，別嫌疑、明是非、定猶豫，善善、惡（讀誤）惡，賢賢、賤不肖」，「存亡國，繼絕世，補敝，起廢，王道之大者也」。

《春秋》繫於社會之安定，人民之福祉者至大，蓋「禮禁未然之前，法施已然之後。法之所為用者易見，而禮之所為禁者難知」。

《前漢書・禮樂志第二》：「故象天、地而制禮、樂，所以通神明，立人倫，正情性，節萬事者也。」（禮樂精神的潛移默化）古人所謂「象天地，制禮樂。」（效法天地而制禮樂）孔子說：「移風易俗、莫善於樂；安上治民、莫善於禮。」可見「禮樂」是治理國家的主要方略。

太史公也說：「禮經紀人倫，故長於行；……樂樂所以立，故長於和。」又說：「禮以節人，樂以發和。」

父子、君臣的關係，皆涵融於禮樂之中。

康節先生《皇極經世書》之作，即在於明「春秋、禮樂，父子、君臣」之大義。先生在其《擊壤集》詩中，已非常明白的告訴我們。

附：〈安樂窩中一部書〉（《擊壤集・三》）

安樂窩中一部書　號云皇極意何如
春秋禮樂能遺則　父子君臣可廢乎
浩浩羲軒開闢後　巍巍堯舜協和初
炎炎湯武干戈外　恟恟桓文弓劍餘
日月星辰高照耀　皇王帝伯大鋪舒
幾千百主出規制　數億萬年成楷模
治久便憂強跋扈　患深仍念惡驅除
才堪命世有時有　智可濟時無世無
既往盡歸閑指點　未來須俟別支吾
不知造化誰為主　生得許多奇丈夫

先生見天下治亂分合之間，人民痛苦不堪，關鍵乃在於「春秋禮樂、父子君臣」之道失，故擬《春秋》而作《皇極經世》。

孔子見周朝末年，列國紛爭，諸侯們只顧自己爭權奪利，乃至弒父弒君，亦所不惜。於是孔子乃本《魯史》而作《春秋》，把諸侯們所作的好事、壞事、都記錄下來，傳至千年萬代，使那些作奸犯科、不仁不義的諸侯們，知所戒懼，所以說：「孔子成《春秋》，而亂臣賊子懼。」《春秋》的筆法，一字即有千斤之重，示例如下：

如《春秋》開卷便說：

夏五月，鄭伯「克」段於鄢。

孔子只用了九個字，實際上重點只有「鄭伯克段」四個字，記載媽媽與弟弟合謀，設計奪取哥哥江山的故事。哥哥卻老謀深算的按兵不動，等到弟弟大兵一起，有了造反的事實，便一舉將其消滅。《春秋》之所以稱「鄭伯」，是說做老哥的，沒有盡到做老哥的責任，把弟弟教好；稱「段」的意思，是說做弟弟的也不像個弟弟的樣子。克段之「克」，即所謂之一字褒貶。

另一個很巧的故事，也發在「夏五月」，春秋記載說：

夏五月乙亥，齊崔杼弒其君光。

崔杼感到很冤枉，自己並未弒君阿！何以不分青紅皂白，為自己扣上「弒君」的帽子與罪名？其故乃是「君被弒而不討賊」，這筆賬當然記在大臣崔杼的頭上。《春秋》記載的是諸侯、大臣間的事，言外之意，或讚美，或批判，所謂「主文而譎諫」，如暮鼙晨鐘，希望那些昏昏噩噩的為政者，都能夠蘇醒覺悟，保國衛民，為歷史作榜樣，為人民服務。

邵子的《皇極經世書》，也是把各朝各帝的重要事蹟（或是或非），逐年臚列，以為後世之炯戒。

先生之學，匡括宇宙，蓋有所自。

祝氏泌說：康節先生傳《連山易》於山林隱德之士，傳此道於李之才，演為

《經世書》六十餘篇，曰元經會、會經運、運經世，三節不同，總名之曰《皇極經世》。

按：宋祝氏泌字子涇，鄱陽人，自號觀物老人。

李之才為河南共城縣令，之才一日來訪康節，問先生：「子亦聞物理性命之學乎？」先生曰：「幸受教。」李氏乃傳山林隱德之士、先天之學。經先生妙悟神會，推演而為皇極經世、元會運世學說。

所謂先天之學，乃是指伏羲氏先天之易（即所謂畫前之易，亦即天地終始的學問），也是與天地同旦暮，自開闢、至天地始終之學問。即邵子所創之「元、會、運、世」學說。

元經會：以十二萬九千六百年為元，說天地之始。後人謂為觀天之數。

會經運：取開物至閉物之數（似一個冰河時期之始終。俗所開天闢地、以至天地之毀滅），二百五十二運，九萬七百二十年為元，謂之觀地之數。

運經世：以三百六十年為元（一世三百六十年，紀我國歷代政治之理亂、變遷；人物之臧否，可謂觀人之數者，載三千年之治績，雖百世可知。此而外，更以律呂聲音之變，以觀萬物矣！

各家對《皇極經世》所作解釋，雖引喻末一，而義無不通、理無二致，無非皇極旨意之發揮而已；「春秋、禮樂，父子、君臣」，邵子《皇極經世》之道，悉在是矣！似不必斤斤於皇極「大中、至正……」釋說之此當彼異者。

邵子《皇極經世書》，後人謂為「易外別傳」。其書以元經會、會經運，運經世，起於帝堯元年甲辰（西元前二三五七），至後周顯德六年之己未，治亂興亡之跡，皆以卦象推之，朱子謂其乃「推步之書」，可謂能得其要領。朱子又謂：「自易以後，無人能做得一物如此整齊。」

張嵋亦謂：此書本以天道、質以人事，其後自張行成、祝氏泌等數家以外，能明其理者甚鮮，故世人卒莫窮其作用之所以然。其取象多不與易相同，俱難免於牽強不合，然邵子在當日用以占驗，無不奇中，故歷代皆重其書，然亦不全專於象數。

又云：「學以人事為大。」又云：「治生於亂，亂生於治，聖人貴未然之防，是謂易之大綱。」

又云：「天下將治，則人必尚義也；天下將亂，則人必尚利也。尚義則謙讓之風行焉；尚利則攘奪之風行焉。」類皆立義正大，垂訓深切，是《經世》一書，雖明天道，而實責成於人事，洵粹然儒者之言，非纖緯術數家所可同日年而語也。」

（按：此義已見於前書今說，錄以備忘）

第二節　邵子——東方的唯物論者

記得曾經聽過一位名政論家的講演，說「孔子是唯物論者，是主張唯物地。」這位先生是根據《論語》子貢問政，孔子答以「足食、足兵」的話來說的。

說孔子首重民食，可見孔子是唯物論者。聞之不禁愕然。老先生可能是偶而失言，不足為訓。其實我國真正的唯物論者，惟有邵康節先生，邵子在其《皇極經世書》中，皆以〈觀物〉名篇，把天地乃至盈天地之間的一切，皆視之為物，可以說是道道地地的唯物論者。不過邵子的唯物，與近代所謂之唯物論，觀點完全不同。邵子的唯物，是唯「人」主義（因為在邵子的心目中，人不但亦為物，而且為物之最者），較之時人心目意識中之物——吃飯、穿衣、汽車、洋房等，一般日常生活所資所用，與邵子之所「唯」，是有著甚大差距的。

先生胤嗣伯溫說：「先君受李挺之義理之學；物理之學；性命之學。」祝氏泌以為，中庸的格物，乃止於義理之學，而觀物乃是物理之學也。所以祝氏說：「康節先生以皇極圓圖，觀天觀地，觀曆世之泰否；以皇極方圖，觀動物、觀植物，觀運用之物。」康節先生所觀者乃物之理，乃是以心觀物，以理觀物者。

朱氏隱老說：「既以《經世》名其書矣！又以〈觀物〉名其篇，何也？通天、地、人皆物耳，而吾能一以觀之，觀之而有以得其理，則無不可以經世。」邵子之所謂經世、所謂觀物云者以此。

意即是說，亙天地間之一切皆為物，凡物皆有理，邵氏一以觀其理。邵子之觀，乃觀之以心，非觀之以目也。

清人何夢瑤氏以為：本書乃邵子明道之書，之所以以《皇極》名書，以〈觀物〉名篇者？乃是由於明道在乎觀物，即《大學》格物致知之謂。又說：「物之大者莫若天地，物之貴者莫如人，人之至者莫如聖，三皇尚矣！參天地以立極（說三皇之至德，可與天地併立而三），首庶物以御世者也（《易》乾卦：「首出庶物，萬國咸寧。」皇即三皇，極、至也，德之至極，無以加者）。

劉斯組亦說，《皇極》以〈觀物〉名篇，尊先天之學，通畫前之易，自開闢之初，下訖收閉之儘，覽一圖、觀方圓動靜，攝天根，探月窟，同古今於旦暮。元會運世，乃與吾身命相關。學者咸知，康節先生之觀物，非觀之以目，乃是觀之以心、觀之以理者。所謂先天之學，乃是從「靜」中得之。誠如朱子所說，邵子是由「其心虛明，自能知之」。

朱子說：「邵子嘗于百原深山中，闢書齋處其中。王勝之常乘月訪之，必見其燈下正襟危坐，雖夜深亦如之。若不是養得至靜之極，如何見得道理如此精明？」

《列子》有一段話：「亢倉子曰：『我體合於心，心合於氣，氣合於神，神合於無。其有介然之有，唯然（唯然，同維，維極微小，纖小也）之音，雖遠在八荒之外，近在眉睫之內，來干我者，我必知之。』」這句話是說，當我們的心靈空、靜到極點時，所謂「心合於氣，氣合於神，神合於無」時，便可升華至另一種境界，乃至如列子之馭氣飛行。這是修佛、修道，神參造化的境界（西藏亦有苦行至馭氣飛行者）。邵子靜的境界，如其〈安樂窩中一炷香〉詩說：「虛室清冷都是白，靈台瑩靜別生光。」邵子：「虛室清冷、瑩靜生光」之境界，當然別有洞天，非我們所能了知者。

第二章　元會運世析說

《皇極經世書》作者，宋・邵雍（康節）先生。《宋史・道學列傳》（節錄）：

邵雍字堯夫，其先范陽人。父古徙衡漳，又徙共城。雍年三十遊河南，葬其親伊水上，遂為河南人。少時無書不讀。始為學即堅苦刻厲，寒不爐，暑不扇，夜不就席者數年。已而歎曰：「昔人尚友於古，而吾獨不及四方！」於是逾河汾、涉淮漢，周流齊、魯、宋、鄭之墟，久之幡然來歸，曰：「道在是矣！」遂不復出。北海李之才攝共城令，聞雍好學，嘗造其廬，謂曰：「子亦聞物理、性命之學乎？」

雍對曰：「幸受教。」乃事之才，受河圖、洛書、宓羲八卦、六十四卦圖象。之才之傳，遠有端緒。而雍探賾索隱，妙悟神契，洞徹蘊奧，汪洋浩博，多其所自得者。及其學益老、德益劭、玩心高明，以觀夫天地之運化，陰陽之消長，遠而古今世變，微而走飛草木之性情，深造曲暢，庶幾所謂「不惑」……遂衍宓羲先天之旨，著書十餘萬言行於世，然世之知其道者鮮矣！

第一節　圖說

邵子之學本乎先天圖，其曰：「圖雖無文，吾終日言未嘗離乎是。」是邵子《經世》一書，皆圖說也。今採西山蔡氏所纂圖等，並著於篇云。

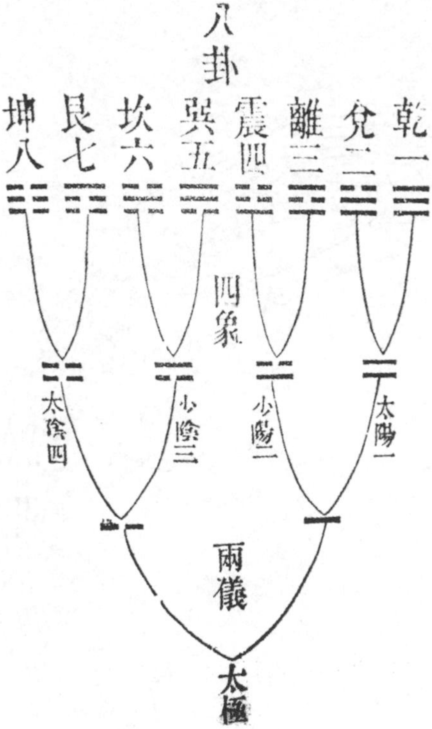

伏羲始畫八卦

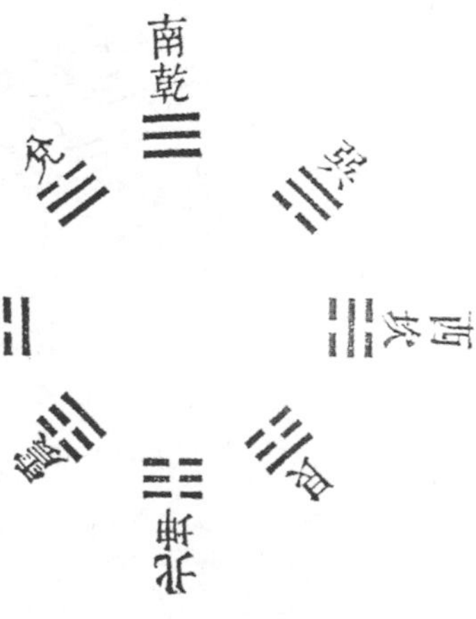

伏羲八卦方位

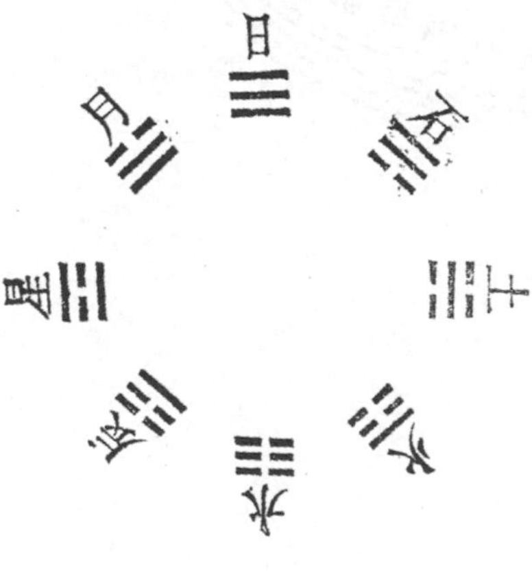

經世天地四象

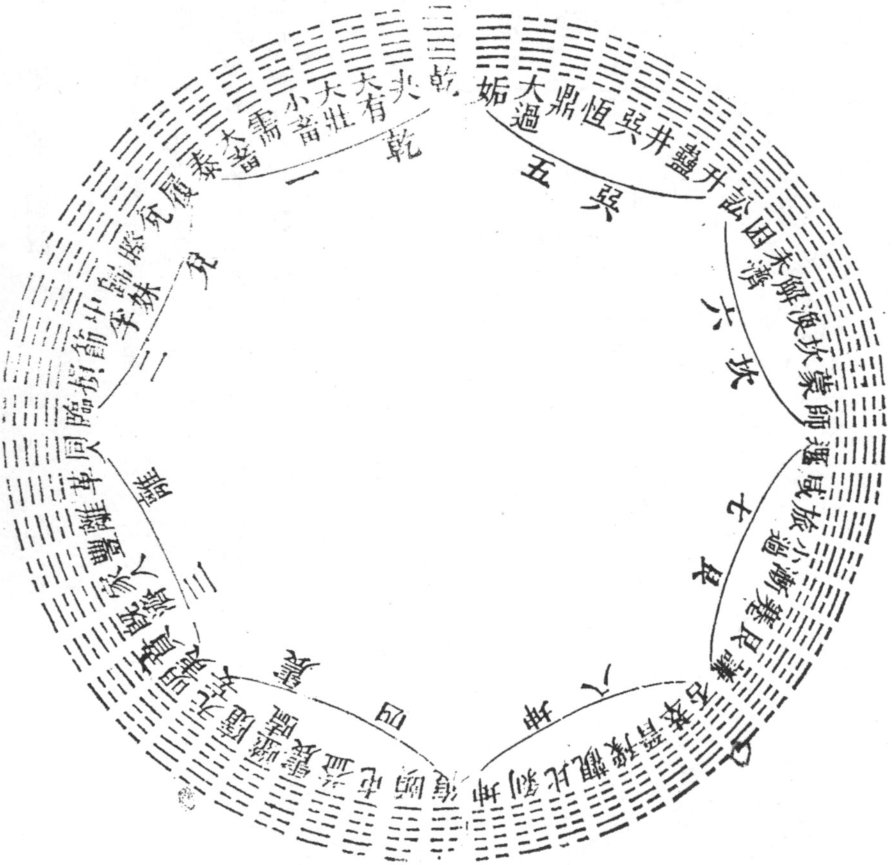

伏羲六十四卦圓

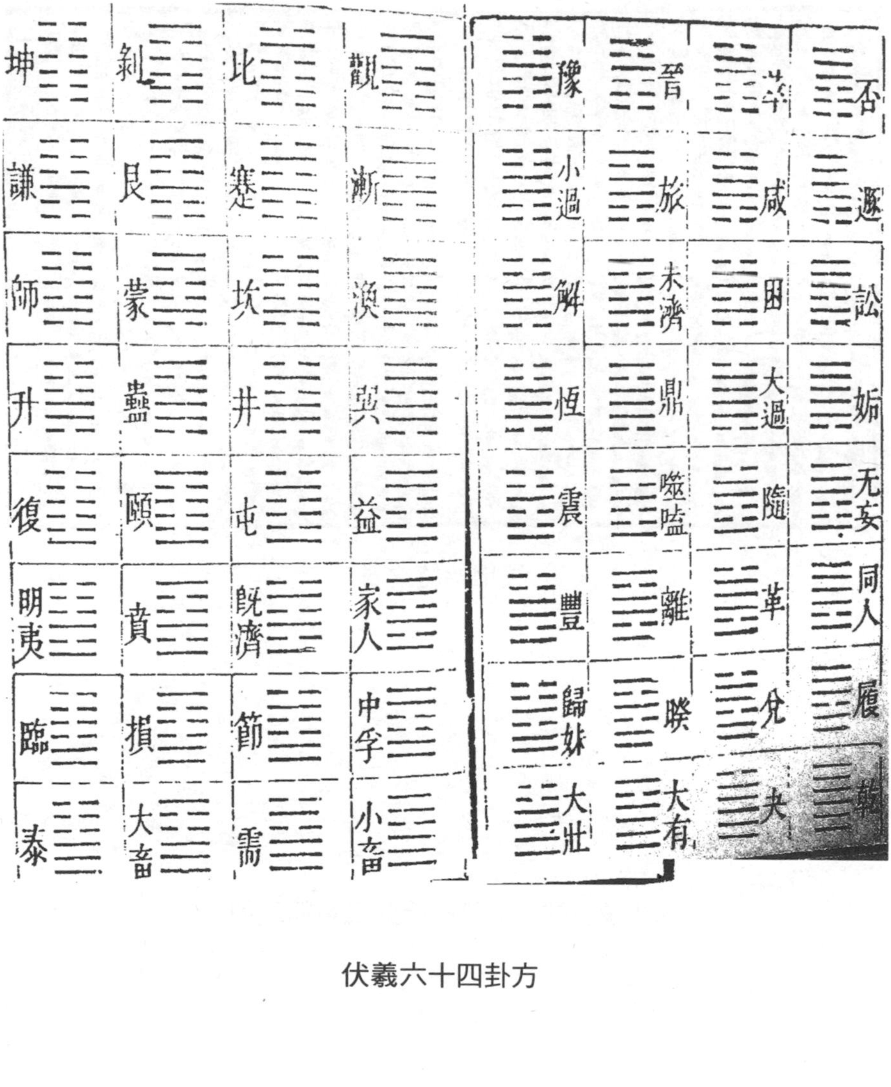
否
遯
訟
姤
无妄
同人
履
乾
萃
咸
困
大過
隨
革
兌
夬
晉
旅
未濟
鼎
噬嗑
離
睽
大有
豫
小過
解
恒
震
豐
歸妹
大壯
觀
漸
渙
巽
益
家人
中孚
小畜
比
蹇
坎
井
屯
既濟
節
需
剝
艮
蒙
蠱
頤
賁
損
大畜
坤
謙
師
升
復
明夷
臨
泰

伏羲六十四卦方

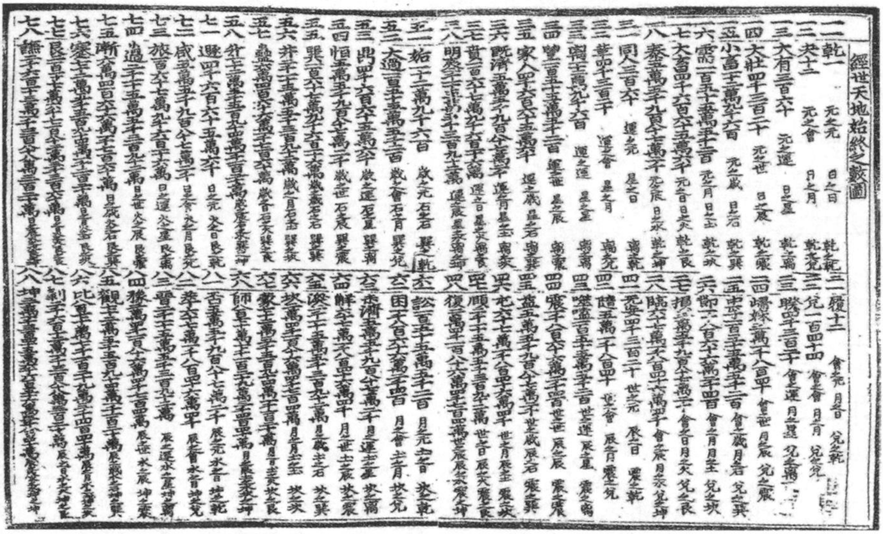

天地始終之數

大小運經緯：見第一篇第三章第三節。

三垣二十八宿配六十四卦

畫分	天空			
三垣	太微垣、紫微垣、天市垣（乾、坤、坎、離）			
四象	東方青龍	北方玄武	西方白虎	南方朱雀
二十八宿	角、亢、氐、房、心、尾、箕	斗、牛、女、虛、危、室、壁	奎、婁、胃、昴、畢、觜、參	井、鬼、柳、星、張、翼、軫
六十卦（扣除乾、坤、坎、離四卦）	屯、蒙、需、訟、師、比、小畜、履、泰、否、同人、大有、謙、豫、隨	蠱、臨、觀、噬嗑、賁、剝、復、无妄、大畜、頤、大過、咸、恆、遯、大壯	晉、明夷、家人、睽、蹇、解、損、益、夬、姤、萃、升、困、井、革	鼎、震、艮、漸、歸妹、豐、旅、巽、兌、渙、節、中孚、小過、既濟、未濟

註：星宿由角宿開始，自西向東排列，與日、月視運動的方向相同。

第二節　元會運世年月

一元：十二會

一會：三十運
一運：十二世
一世：三十年，三百六十月（年十二月，月三十日為吾人所熟知，茲不贅）。
故：
一運：十二世，三百六十年，四千三百二十月
一會：三十運，三百六十世，一萬零八百年
一元：十二會，三百六十運，四千三百二十世，一十二萬九千六百年，一百五十五萬五千二百月

一、以元經會

觀物篇一　以元經會子
觀物篇二　以元經會丑
觀物篇三　以元經會寅
觀物篇四　以元經會卯
觀物篇五　以元經會辰
觀物篇六　以元經會巳
觀物篇七　以元經會午

觀物篇八　以元經會未

觀物篇九　以元經會申

觀物篇十　以元經會酉

觀物篇十一　以元經會戌

觀物篇十二　以元經會亥

二、以會經運

觀物篇十三　以會經運一　寅　卯　辰　巳（物開於寅，故以寅起運）

觀物篇十四　以會經運二　巳三十

觀物篇十五　以會經運三　午一

觀物篇十六　以會經運四　午二

觀物篇十七　以會經運五　午三

觀物篇十八　以會經運六　午四

觀物篇十九　以會經運七　午五

觀物篇二十　以會經運八　午六

觀物篇二十一　以會經運九　午七

觀物篇二十二　以會經運十　午八

觀物篇二十三　以會經運十一　午九
觀物篇二十四　以會經運十二　午十

三、以運經世

觀物篇二十五　以運經世　巳三十
觀物篇二十六　以運經世　午一
觀物篇二十七　以運經世　午二
觀物篇二十八　以運經世　午三
觀物篇二十九　以運經世　午四
觀物篇三十　以運經世　午五
觀物篇三十一　以運經世　午六
觀物篇三十二　以運經世　午七
觀物篇三十三　以運經世　午八
觀物篇三十四　以運經世　午九

四、一元消長之數圖

執簡馭繁的「元、會、運、世」學說，或謂一元消長之數圖，按此圖為邵伯溫所作。乃十二會之總綱。自子至巳為陽長，自午至亥為陽消。

按：「己、已、巳」；「戊、戌、戍」印刷閱讀，往往因錯覺而誤判。

(一)己、已、巳：

1.己，分別人我。如他人、自己；捨己救人之己。天干：甲乙丙丁、戊己庚辛之己。

2.已，形容過去格，如已經、已畢。

3.巳，指時間，如「子、丑、寅、卯、辰、巳、午、未之巳」。

(二)戊、戌、戍：

1.戊己，古人記時之名詞。如：甲、乙、丙、丁、戊、己、庚、辛、壬、癸，稱天干。與十二地支合以記時。

2.戌亥，古人合天干地支以記時，如：子、丑、寅、卯、辰、巳、午、未、申、酉、戌、亥，為十二地支。

3.戍守：軍人駐守一地稱戍守。

經世一元消長之數圖

元	會	運	世	年	卦
日甲	月子一	星三十	辰三百六十	年一萬八百	復䷗
	月丑二	星六十	辰七百二十	年二萬一千六百	臨䷒
	月寅三	星九十	辰一千八十	年三萬二千四百	泰䷊
	月卯四	星一百二十	辰一千四百四十	年四萬三千二百	大壯䷡
	月辰五	星一百五十	辰一千八百	年五萬四千	夬䷪
	月巳六	星一百八十	辰二千一百六十	年六萬四千八百	乾䷀
	月午七	星二百一十	辰二千五百二十	年七萬五千六百	姤䷫
	月未八	星二百四十	辰二千八百八十	年八萬六千四百	遯䷠
	月申九	星二百七十	辰三千二百四十	年九萬七千二百	否䷋
	月酉十	星三百	辰三千六百	年一十萬八千	觀䷓
	月戌十一	星三百三十	辰三千九百六十	年一十一萬八千八百	剝䷖
	月亥十二	星三百六十	辰四千三百二十	年一十二萬九千六百	坤䷁

開物星之己七十六

唐堯始星之癸一百八十
辰二千一百五十七
夏殷周秦兩漢兩晉十六
國南北朝隋唐五代宋

閉物星之戊三百一十五

朱子論十六卦，則陽始於子而終於巳，陰始於午而終於亥。論四時之氣，則陽始於寅而終於未，陰始於申而終於丑。論者以為「子位一陽雖生，而未出乎地，至寅位泰，三陽方出地上」，溫厚之氣，至此始矣；巳位乾卦六陽雖極，而溫厚之氣未終，一雖生，未害於陽，必至未位遯卦而後，溫厚之氣，至此始盡矣。

大小運經緯圖，析之如下：

一元	十二會　三百六十運　四千三百二十世　一十二萬九千六百年　一百五五萬五千二百月
一會	三十運　三百六十世　一萬八零百年　一十二萬九千六百月
一運	十二世　三百六十年　四千三百二十月
一世	三十年　三百六十月　一萬零八百日
一年	十二月　三百六十日　四千三百二十時
一月	三十日　三百六十時　一萬零八百分
一日	十二時　三百六十分　四千三百二十秒
一時	三十分　三百六十秒

天地萬物，莫不寄乎時代之流中。李白詩說：「夫天地者，萬物之逆旅；光陰者，百代之過客。」李白以為人生若夢，此身如寄。邵子不如此說，以為天地間萬事萬物之演進，是有其約束與程序的，如所謂之「元、會、運、世，年、月、日、時」等，以顯明其時代之流。因取年之十二月，月之三十日，日之十二時……，擴而大之，以為「會、運、世」之數。包羅大至於天地形成之始、以至於沒滅，十二萬九千六百年間之一切，而以「元」統之。因之或謂元，即「大一統」之謂。以一元之大數，統「十二會、三百六十運，四千三百二十世，十二萬九千六百年。」

一會三十運，如月之三十日；

一運十二世，亦如日之十二時（子、丑、寅、卯、辰、巳、午、未、申、酉、戌、亥，十二地支）；

一世三十年，猶如一時之三十分然。

邵子以日、月、星、辰，為元、會、運、世。如下：

日為元，因日一歲行一周天，一元猶如一歲，遂以日之一、比擬元之一；

月為會，月一歲與日相會十二次，故以月之十二，擬會之十二；

星（指二十八宿而言）乃隨天而運轉者，故說運。星之運行，一周歲三百六十度，擬一元之三百六十運。

按：術家以「乾、坤、坎、離為三垣，六十四卦除乾、坤、坎、離，以六十卦為二十八宿（見第一節表）。（編者加註：復卦起於虛，剝卦終於危）

辰為世，天有十二辰（自子至亥，時鐘二時為一辰），擬一運之十二世。又一會三十運，猶一月之三十日；一運有十二世，猶一日之有十二時。觀年、月、日、時之小，可以推元、會、運、世之大。

故借年、日之天干，以稱「元與運」；借月、時之地支，以稱「會與世」。始於甲子，終於癸亥，始則有終，終則復始。

所以：

元紀日甲一

會紀月子一至亥十二

星自甲一至癸三百六十，以盡十二會。

辰自子一至亥十二，又自亥十三至亥二十四，挨次起子至亥，一運乃自子至亥一周，以迄於十二會之四千三百二十世而止。

又於六十四卦，取離、乾、坎、坤四卦之二十四爻，分值十二會。由離而乾、而坎、而坤，自子會起，每卦直三會，每爻值一氣（一年二十四氣），名曰閏卦（卦氣），復以去乾、坤、坎、離後之六十卦，每卦六爻，共三百六十爻，分主三百六十運，一運十二世，即前面所說之辰子一至亥十二，每運皆然。

所謂以元經會（說元為會之經），經即經緯之意，亦如道路之縱者為經，橫者為緯。《玉篇》所謂「經緯，以成繒帛也」（說經緯相交而成布帛。指婦女織布之經緯相交）。元經會，會經運，運經世，元會運，皆由世之積而成，故以經世括之（集世為運，集運為會，集會為元）。

朱氏隱老說：經者對緯之名，以元為經，則終始此元而已。以會為緯，則有十二變焉，凡此十有二變，在一元，則為十有二會；在一運，則為十有二世；在一歲，則為十有二月；在一日，則為十有二時；在一分，則為十有二秒。十有二變之數，無往而不在焉，則變者其緯也，於緯之中，有以執其經（掌握其綱領）；於變之中，有以守其常（掌握其不變之基本原則），其庶矣乎。

黃氏畿以為：所謂經世，即元會運世遞相為經，積世以成運，積運以成會，積會而為元。所謂小者之積，大者之成也（大乃積小而成）。

王氏植以為：元會運世之名，乃始于邵子，以日、月、星、辰配之。所謂經、即經緯組織之義，以元經會，猶言以元統會而已。

皇極又有大運、小運之分，大運為元會運世之運，如莊子所謂之大年；小運為年月日時之運，如莊子所謂之小年。以元經會，則元為歲，會為月，運為日，世為時，以至以運經世，皆大運也。

按：《莊子・逍遙遊》：「朝菌不知晦朔，蟪蛄不知春秋，此小年也；……上古有大椿者，以八千歲為春，八千歲為秋，此大年也。」

以歲經月，則歲為元，月為會，日為運，時為世；等而下之，至日為元，時為會，分為運，秒為世，為之小運。如以日為元，則其數太為微小，一秒在瞬息之間不可分辨，邵子歸之於律呂聲音。並以律呂圖續之於後。

皇極又斂大為小（把極其龐大之數、壓縮至極小），以一百六十七億九千六百一十六萬為分，而當每日一分之數（此數為一元四千六百六十五萬六千日之分數，今作一日之分數，即所謂斂大為小。換言之，即將一日三百六十分之時間，分為一百六十七億九千六百一十六萬之數，其短暫可知）；以十三億九千九百六十八萬為一日之秒數（此數為一會之分數），則天地間，無纖細之形可逃乎皇極者。（意思是說：如果我們將三百六十，放大至一百六十七億大，乃至十三億九千九百之大，我們會看得更清楚，天地間無纖細之形可逃乎皇極之數者，即所謂斂大為小之故，像天文數字之放大鏡。）

大運之元，起於子中（即六十四卦圓圖坤復之間），其干支則起於甲與子（即指日甲月子而言）；小運之元，起於寅初（物開於寅，故小運之元，不起子會，而起於寅），其干支皆甲己孟（編者加註：甲寅、甲申、己巳、己亥），於天地未開闢二會半之先而立數（然而數之立，則起於子會之初，即寅之星己七十六前之二會半），於天地已閉物之後一會半而終數（即亥會之終）。所謂先天地而始，後天地而終，終則又變而通矣！

第三章　以元經會

第一節　以元經會子——觀物篇一

圖第一欄中之日、月、星、辰，即所謂之元、會、運、世。日即元，月即會，星即運，辰即世。

日甲一，即代表此一大元，乃天地終始之元，元只有一個，所以只說日甲一，無日乙二，日丙三之說。

月子一，即元之第一會，一般稱為子會，月丑二為第二會，亦稱丑會，月寅三為第三會……以次類推，月亥為第十二會、亦稱亥會。一元共十二會，每會一萬零八百年，十二會分別以子、丑、寅、卯、辰、巳、午、未、申、酉、戌、亥十二地支為代表，十二會共十二萬九千六百年。

以元經會子一圖

日	月			星			辰子	丑	寅	卯	辰	巳	午	未	申	酉	戌	亥
甲一	子一	離	旅	甲一	復	坤	一	二	三	四	五	六	七	八	九	十	十一	一二
				乙二		臨	一三											二四
				丙三		明夷	二五											三六
				丁四		震	三七											四八
				戊五		屯	四九											六十
				己六		頤	六一											七二
				庚七	頤	剝	七三											八四
				辛八		損	八五											九六
				壬九		賁	九七											一百〇八
				癸十		噬嗑	一百〇九											一百二〇
				甲一一		益	一百二一											一百三二
				乙一二		復	一百三三											一百四四
				丙一三	屯	比	一百四五											一百五六
				丁一四		節	一百五七											一百六八
				戊一五		既濟	一百六九											一百八十
		離	大有	己一六		隨	一百八一											一百九二
				庚一七		復	一百九三											二百〇四
				辛一八		益	二百〇五											二百一六
				壬一九	益	觀	二百一七											二百一八

癸二十		中孚	二百二九	二百四十
甲二一		家人	二百四一	二百五二
乙二二		無妄	二百五三	二百六四
丙二三		頤	二百六五	二百七六
丁二四		屯	二百七七	二百八八
戊二五	震	豫	二百八九	三百
己二六		歸妹	三百〇一	三百一二
庚二七		豐	三百一三	三百二四
辛二八		復	三百二五	三百三六
壬二九		隨	三百三七	三百四八
癸三十		噬嗑	三百四九	三百六十

星甲一，代表元之第一運。一會三十運，由星甲一至星癸三十，分別以星甲一至星癸十、星甲十一至星癸二十，星甲二十一至星癸三十，歷第三個癸之三十數，亦即三十個天干之數，為一會之運數（一會三十運）。至丑會之第一運，則為星甲三十一，丑會之最後一運，為星癸六十；寅會之第一運，為星甲六十一；……亥之末運，為星癸三百六十。如此十二會共三百六十運。

辰子一，代表運（星甲一至星癸各運）之第一世之第一年，一運十二世，以子丑寅卯、辰巳午未、申酉戌亥，十二地支代之，茲分別列表如下：

辰子一，即運之第一世之第一年至三十年。

辰丑二，即運之第二世之三十一年至六十年。
辰寅三，即運之第三世之六十一年至九十年。
辰卯四，即運之第四世之九十一年至一百二十年。
辰辰五，即運之第五世之百二十一年至百五十年。
辰巳六，即運之第六世之百五十一年至百八十年。
……
辰戌十一，即運之第十一世之三百〇一年至三百三十年。
辰亥十二，即運之第十二世之三百三十一年至三百六十年。

祝氏泌釋說：此混沌之先，一元之初。月子一者，第一會也；星甲一者，第一運也；辰子一者，第一世之始年也。

按：一世三十年，十二世共三百六十年，亦即一運之年數，祝氏以泰、損二卦配之。

邵子〈內篇〉說：日經天之元，月經天之會，星經天之運，辰經天之世。是日月星辰，即所謂之元會運世。元與運為陽，故取甲乙丙丁……十天干為代，所謂「倍五中之陽數為十者（五為十之中，二五為十，故云倍五中）」；會與世為陰，故取子丑寅卯……十二地支為代，亦即「倍六中之陰數為代（六為十二之中，兩個六為十二，故云倍六之中）」，以是陰陽之數，繫於〈觀物篇〉。

祝氏又說：星甲一、辰子一，此甲子乃一元之開端，四象之首，也是干支之始，太一之初，曆家所謂上元之所自起，皇極四象之所由肇也。同時日甲為十干之首，元經會止於日甲，為觀天之數，即所謂「天法道，道法自然」者。

之所以謂「月子星甲」者，祝氏以為還有另一層道理。

祝氏說：「月子者，會數始於子，自元枵（枵音梟，歲建子之月，當北方元枵之位）至陬訾（念鄒支，陰指亥），凡日與月躔離於天為會（躔，即位次，行徑，次舍之意。日與月、每三十日交會一次，即謂之一月，其相會的地點，在天謂之十二次舍，即指娵訾、降婁、元枵等而言；在地則以子丑寅卯……等十二辰紀之。《前漢・律曆志》：『舉終以定朔望，分至躔離弦望。』），分一元而治者十二也（分元為十二）。」

（編者加註：古人把黃道附近一周天按照由西向東的方向分為十二個宮位，分別為為——子：玄枵；丑：星紀；寅：析木；卯：大火；辰：壽星；巳：鶉尾；午：鶉火；未：鶉首；申：實沈；酉：大梁；戌：降婁；亥：娵訾。）

參考《納音旋宮圖》，《周易圖經廣說》（原名《易拇》），老古文化，一九七頁。

所謂星甲者，即運數始於甲，取周天之三百六十度為三百六十運，猶如一歲之三百六十日然。

為什麼說星？星指在天之三百六十度，為三百六十宮（每度為一宮），故稱星。元與運之數屬陽，故以十干繫之；世子為世數之首（凡子皆為運之第一世，故說世數之首），四千三百二十世之初始，乃是以十二萬九千六百年，除以三十而得者。如一歲之時辰，故說辰子，亦起於一，會屬陰，故以十二支繫之，即所謂元之元之元之元（即世之元之元之意）。

如上圖之星「甲一」、次一行之「乙二」，為子會之第二運，其卦為臨，自辰子十三至亥二十四為世，其概要如下：

辰子十三，即第二運之第十三世，年數自三百六十一年至三百九十年。

辰丑十四，即第二運之第十四世，年數自三百九十一年至四百二十年。

辰寅十五，即第二運之第十五世，年數自四百二十一年至四百五十年。

辰卯十六，即第二運之第十六世，年數自四百五十一年至四百八十年。

辰辰十七，即第二運之第十七世，年數自四百八十一年至五百一十年。

……至辰戌。

辰戌二十三，即第二運之第二十三世，年數自六百六十一年至六百九十年。

辰亥二十四，即第二運之第二十四世，年數自六百九十一年至七百二十年。

以上為星乙二，即第二運，所謂星經天之運（即星乙二，值卦為復之臨），自辰子十三世，至亥第二十四世，年數七百二十年（一世三十年）。

按：祝氏以月子一、星甲一，當元之元之元之元（第一個之元為元之元，第二個之元為會之元，第三個之元即運之元，第四個之元為世之元，詳請參考〈經世天地始終之數圖〉），泰卦；星乙二當元之元之會之元，損卦。（祝泌，《觀物篇

解》，第九頁）

以下：

星丙三，辰子二十五世至亥三十六世，入元七百二十一年至一千零八十年，附卦大畜。

星丁四，辰子三十七世至亥四十八世，入元一千零八十一年至一千四百四十年，附卦大畜。

……

星癸十，卦小畜、歸妹，為辰子一百零九至亥一百二十，入元至一百二十世，一世三十年，共計三千六百年。

以上為日甲一，月子一，亦即第一會，通常稱為子會。經運之星為癸十，入元三千六百年之時間，此時正是兩儀未分，混沌未開之時，以上所列之卦，即所謂「畫前之易」，實則此時卦尚未有畫，只是象徵大易之理、本已存在之意。

日甲一，月子一，星甲十一，附卦歸妹，辰子一百二十一至亥一百三十二。

星乙十二，附卦大壯，辰丑子一百三十三至亥二百四十。

……

星癸三十，附卦過、渙，辰子二百四十一至亥三百六十。

自入元以來至此，為一萬八百年，猶是天地未開之時。

以上為月會之子，天干已三周，共三十運，此會亦猶一年建子之月，康節先生說，「一」非數也，但數由「一」而始，子會雖猶混沌，但十二會亦由此而始。祝氏並對所用卦的解說如下：

上圖有所謂「離、旅、復、坤」等者，即《易經》之配卦，邵子《皇極經世書》，可以說就是《易經》一書之推演。自伏羲畫卦後，易歷三聖（文王、周公、孔子），為群經之首，已是家喻戶曉，稍識之無者，無不知之書，為便於初學，簡單介紹如下。

周易初說

《周易》是我國富有神秘色彩的一部書，很多人想讀而不能窺其涯際，茲就一般常識介紹如下。

簡單的說，伏羲八卦是指：乾、兌、離、震，巽，坎、艮、坤，八個三劃卦而言。八八六十四卦，即由此八個三劃卦重疊、交配而成。

古人將八卦加以人格化，於是，以八卦代表天地間之萬事萬物。從極簡單的數，乃至社會上之一切萬象萬物，乃至倫理關係等。皆取象於八卦。

伏羲氏象天地而劃八卦，故說卦者象也。古人有〈八卦取象歌〉說：

乾三連，坤六斷，震仰盂，艮覆碗，離中虛，坎中滿，兌上缺，巽下斷。

八卦所代表之數字、物理、人事表

八卦	數字	物理	人事
乾	一	天	父
兌	二	澤	少女
離	三	火	中女
震	四	雷	長男
巽	五	風	長女
坎	六	水	中男
艮	七	山	少男
坤	八	地	母

以上為本卦，即伏羲所畫之卦（三畫卦），又稱先天八卦或未生之卦（尚未入用）。

以下為重卦（重念崇），邵子謂為文王八卦，乃入用之卦，或謂後天八卦。即兩個三畫卦相疊所成之卦。

如：

乾上坤下為天地否；坤上乾下為地天泰；坤震為地雷復；乾震為天雷無妄；乾兌為天澤履；乾巽為天風姤；乾坤為天地否；離乾為火天大有……

八八六十四卦，即由八個三畫卦互配而成，即所謂分宮卦。

附：分宮卦象次序（依乾坎艮震、巽離坤兌次序變起）

本宮卦	初爻變	二爻變	三爻變	四爻變	五爻變	上爻變	回復本宮五爻
乾為天	天風姤	天山遯	天地否	風地觀	山地剝	火地晉	火天大有
坎為水	水澤節	水雷屯	水火既濟	澤火革	雷火豐	地火明夷	地水師
艮為山	山火賁	山天大畜	山澤損	火澤睽	天澤履	風澤中	風山漸
震為雷	雷地豫	雷水解	雷風恆	地風升	水風井	澤風大過	澤雷隨
巽為風	風天小畜	風火家人	風雷益	天雷無妄	火雷噬嗑	山雷頤	山風蠱
離為火	火山旅	火風鼎	火水未濟	山水蒙	風水渙	天水訟	天火同人
坤為地	地雷復	地澤臨	地天泰	雷天大壯	澤天夬	水天需	水地比
兌為澤	澤水困	澤地萃	澤山咸	水山蹇	地山謙	雷山小過	雷澤歸妹

祝氏泌說：一元之初，卦始於泰（地天），則天地交合，有通泰之理。一會之終，卦循於渙（風水）之九二，則乾坤將奠，有渙大之基。其在先天圖卦（即節初以元經會之圖），一元始於復（地雷），一會之卦終於震（震為雷），震為世卦，而乃當三十運之終，雷在地中，於茲震動，一陽自靜而動，其靜不可謂之陰，而是陽生於靜中，所以習慣上說陰陽，而不說陽陰。

按：祝氏以為，康節先生之所以以甲一，繫皇極之元，乃是「天宗一元，為道之先；甲首十干，為善之長」（說天以一為準，一即是道，甲猶如元亨利貞之元，元為善之長，故云），紀之以甲，即象徵為「仁之端」之意。地法天，故地在天一元之內，以會經運，則地有十二元（元十二會，故說十二元），以運經世，則人有三百六十元（會三十運，運十二世，世三十年），如以世經歲，擴而充之於萬物，於是有四千三百二十元，等而下之，在物有其數，則有其元。如人為百二十年之物，則以百二十年為元；犬馬三十年之物，則以三十年為元；與夫朝菌不知晦朔，蟪蛄不知春秋，隨其分量，各有其元，可知會與元以為始終，準此而言，康節先生以甲繫天之元，雖然說天之元無乙丙（元會運世有日甲一，而無日乙二、日丙三之說），而人物之元，則有丙丁乃至癸者，是康節先生以甲繫天之元，其涵義頗廣，不可一概而論，所以祝氏說「未容輕議」。以下張氏的話，可資參證：

張氏行成說：乾當太極，以一元為一年；坤當元氣，以一會為一年，人物以一會為一年；天以一運為一年；地以一世為一年。或以一年，或以一日，或以一月、一時為一年也。

張氏所謂之年，即此所謂之元。

又說：凡值運、值世、值年、值月卦之次第，繫於〈掛一圖〉之序，取其二百五十六卦（〈掛一圖〉，即邵子加一倍法之推演，共為二百五十六卦），以四爻值一年，若用其全卦之一千五百三十六爻來分（二百五十六卦之爻數），共得三百八十四個四爻，除三百六十日外，尚餘二十四個四爻，即為之閏爻，加於每氣之首以當閏。

凡氣節之交，未交前之時辰，屬於前一氣，已交氣之後，則屬後一氣，以前存之四爻作閏，曆法歸餘於終，《皇極》存閏於首，二者不同。

皇極之交法，如十二宮方排之法，方排之為十二（下圖從外格數為十二格），但如果循其外邊之弦數之，則為十六（下圖從表面看，上四格，下四格，左右亦各四格，合上下左右，則為十六格），所以皇極圖之十六者，只是十二支之分位，斂四位入中者也（下圖之中四格，即所謂斂四入中），研究皇極欲用卦者，當先明白此點。圖示如下：

十二宮之排列即本此圖

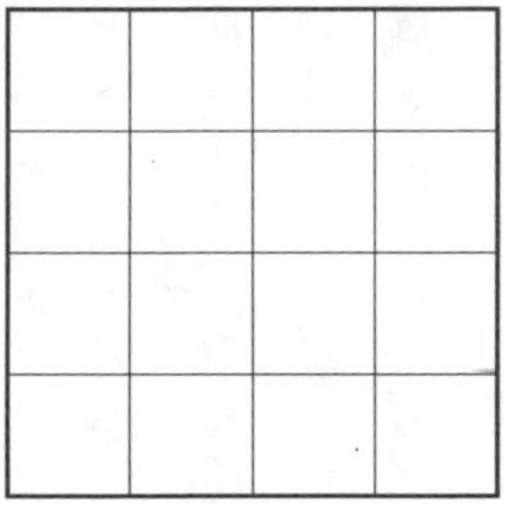

以元經會圖一第二行之甲一、子一下格之「離」，即六十四卦不用之離、乾、坎、坤四卦，以為分值春、夏、秋、冬四時之用。離值冬至迄驚蟄三個月。離（火）下之旅（火山），乃離初爻所變之卦（離為伏羲，三畫卦離之重卦。即上下卦皆離，離下卦初爻變為艮，艮為山，故說火山旅），旅卦所值，就一年而言，當冬至之十五日，就一會之大運言，則為十五運（即自星甲一至星戊十五，向後橫數十五欄。橫唸為「辰子一」，子一在坤之下一格。橫數至亥一百八十世）。離二爻變為火天大有，即星己十六運至星癸三十，辰子一百八十一，至亥三百六十，就一年而言，則為小寒之時。

離下為旅（火山），旅下一格內為星甲一，即十二會之第一運，前已言之。星甲一下之格，分兩層，上層為「復（地雷）」，以及五格後之頤（山雷）、屯（水雷）、益（風雷）、震（雷），為值大運之卦，一般謂之正卦，一正卦復值六運卦，亦即為此正卦之初，至上六爻所變之卦，如復（地雷）初變坤（地）、二變臨（地澤）、三變明夷（地火）、四變震（雷）、五變屯（水雷）、六變頤（山雷）等，為各該運當值之卦，即謂之運卦，一會三十運，即由此五正卦所變之三十卦直之，如復所變之坤、臨、明夷、震等，頤卦所變之剝（山地）、損（山澤）、賁（山火）、噬嗑（火雷）、益（風雷）、復（地雷）……等三十卦，餘可類推。

以上即第二運之二十四世，七百二十年。此數之大運，即第二運星經天之乙者，即星乙二。再至星丙三以至星癸三十，即第一會之三十運，亦即子會之運數。

以上請參閱「以元經會子一圖」。

何氏夢瑤說：日者元也，日一歲一周天，一元猶一歲也，故以日之一擬元之一；月者會也，月一歲與日會十二次，故以月之十二擬會之十二；星者運也，經星隨天運行（經星即二十八宿），一歲周三百六十度，故以擬一元之三百六十運；辰者世也，天有十二辰，故以擬一運之十二世，又一會有三十運，猶一月有三十日，一運有十二世，猶一日有十二時，觀年月日時之小，可推元會運世之大。所以用天干稱元與運，用地支命會與世，這是日甲一、星甲一至癸三十，會子一至會亥十二、辰子一至亥三百六十，之所以然之故。

《皇極經世書》之配卦：

《皇極》配卦之法，則是取六十四卦之離（火）、乾（天）、坎（水）、坤（地）四卦，分值十二會，由離而乾，而坎而坤，每卦直三會，每爻以其所變之卦直一氣，如離（重火）初變之旅（火山），值冬至之十五日；二爻變之大有，值小寒之十五日等），名曰閏卦（離、乾、坎、坤），餘六十卦，名曰正卦（閏卦繫對正卦而言）。正卦六爻，復各爻變為六卦，六十卦六爻變，共三百六十卦，分值三百六十運，名為運卦。十二會圖，分為兩層，上層為正卦，也稱大運，如復（地雷）、頤（山雷）、屯（水雷）、益（風雷）、震（重雷）等，五卦一會；下層為運卦，如復下之坤（地）、臨（地澤）、明夷（地火）、震（重雷）、屯（水雷）、頤（山雷）等是。（坤、臨、明夷等，皆由復變：復初變坤，二變臨，三變明夷，四變震、五變屯、六變頤，參閱上圖可知。）

按：邵子《皇極經世書》，初僅以干支作紀，後經張氏行成、祝氏泌、黃氏畿等，始本邵子之說，以卦配圖，而祝、張之說，亦復有異，今所傳本，自黃氏畿之後，則已無所出入。

黃氏畿說：月子第一會，天開之始，當子會之初，運在甲一，世在子一，閏卦離，初九變旅主冬至，卦直為復、為頤、為屯，初九至六三，積五千四百年。當子會之中，運在已一十六，世在子一百八十一，離六二變大有主小寒，卦直為屯，六四至上六，為益為震。是時也，微陽發動，幽昧漸開，輕清上騰，日月星辰四者成，又五千四百年而子會終矣，故曰天開於子，及震則天辰漸可辨矣，故曰益以下無數也，震以上有數也。

劉氏斯組說：上圖即月子第一會，自亥至子，六陰已極，一陽初動之候也。（說子會所處的時間，是由亥至子，當坤卦之極處），於時律中黃鐘（即指子時，陰曆十一月），日在星紀（十二次舍之丑時，即指陰曆十二月），節令冬至小寒，卦直復、頤、屯、益（復、頤、屯、益，值冬至小寒三十日）象皆幽暗，及震天辰漸分。屯當子會之中（屯前有復、頤，後有益、震，參考上圖），六三以前與復、頤主冬至（屯卦六三爻）；六四以後，與益、震主小寒，前後十五爻（屯前十五爻即復、頤二卦與屯之前三爻；後十五爻，即屯四至上爻與益、震兩卦之十二爻），各五千四百年（一會一萬零八百年，半會如五千之數），其閏卦離，初爻變旅，二爻變大有分主之。前起運甲一，世子一（屯前十五起運星甲一辰子一），後起運己十六，世子百八十一，迄癸亥三百六十周子會矣（參考上圖）！聲天之九，音地之十一（聲為天，音為地，天九地十，有音無字，為不用者，意在說子會在天地間為冬至、小寒，象皆幽暗），辰唱石和（在天，四象為日月星辰，亦即乾兌離震，辰為震；在地，四象為水火土石，亦即巽坎艮坤，石為巽。辰唱石和，即天震唱。雷風為恒，風雷為益，益為陽生之初，恒為陰生之始，故言恒益咸通地巽和），謂恒益咸通可也。

以上劉氏所說，如配合漢鄭玄《月令注》，當更易明白。

鄭氏《月令注》說：孟春者，日月會於娵訾，而斗建寅之辰也，正月三陽之月，泰（地天）三陽之卦，故以配之；仲春者，日月會於降婁，而斗建卯之辰也，二月四陽之月，大壯（雷天）四陽之卦，故以配之；季春者，日月會於大梁，而斗建辰之辰也，三月五陽之月，夬（澤天）五陽之卦，故以配之；孟夏者，日月會於實沈，而斗建巳之辰也，四月純陽之月，乾（重天）純陽之卦，故以配之；仲夏者，日月會於鶉首，而斗建午之辰也，夏至一陰始生，姤（天風）一陰之卦，故以配之；季夏者，日月會於鶉火，而斗建未之辰也，六月二陰之月，遯（天山）二陰之卦，故以配之；孟秋者，日月會於鶉尾，而斗建申之辰也，七月三陰之月，否（天地）三陰之卦，故以配之；仲秋者，日月會於壽星，而斗建酉之辰也，八月四陰之月，觀（風地）四陰之卦，故以配之；季秋者，日月會於大火，而斗建戌之辰也，九月五陰之月，剝（山地）五陰之卦，故以配之；孟冬者，日月會於析木，而斗建亥之辰也，十月純陰之月，坤（重地）純陰之卦，故以配之；仲冬者、日月會於星紀，而斗建子之辰也，冬至一陽始生，復（地雷）一陽之卦，故以配之；季冬者，日月會於元枵，而斗建丑之辰也，十二月二陽之月，臨（地澤）二陽之卦，故以配之。

以上所說娵訾、降婁、大梁、實沈、鶉首、鶉火、鶉尾、壽星、大火、析木、星紀、元枵等，即所謂之十二宮，亦為十二次舍（依次而舍，舍，宿也），為一年十二月，各月「日月所會」之處。一元十二會，即援此而立。

孟春者，日月會於娵訾，而斗建寅之辰也，……此所謂「斗」有爭的意思，由寅至卯，陽長陰消，故《坤文言》說：「陰凝於陽必戰。」此言斗建，是否另有他解說，待考。（編者加註：「斗建」為古時以北斗星的運轉計算月令，斗柄所指之辰謂之斗建。如正月指寅，為建寅之月，二月指卯，為建卯之月。）

日元也，日一歲一週天，一元猶一歲也，故以日之一擬元之一；月者會也、月一歲與日會十二次，故以月之十二、擬會之十二；星者運也，經星隨天運行，一歲週三百六十度，故以擬一元之三百六十運；辰者世也，天有十二辰，故以擬一運之十二世，猶一日有十二時。觀年月日時之小，可推元會運世之大，故借年、日之以天干命者、命元、運；月、時之以地支命者、命會世也。始甲子、終癸亥，始則有終、終則復始。故日紀甲一，以示無盡之意。月自子至亥十二、星自甲一至癸三百六十，皆畢十二會而止。

辰自子一至亥十二、又自子十三至亥二十四，挨次而下，亦畢十二會，至亥四千三百二十而止。

其配卦之法，於二十四卦內、取乾、坤、坎、離四卦二十四爻，分十二會，由離而乾、坎、坤每卦直三會，每爻直一氣、曰閏卦，餘六十卦名正卦，每卦六爻，每爻變一卦，計變三百六十卦，分值三百六十運，名曰運卦。

第二節　以元經會丑——觀物篇二

祝氏泌說，邵子《皇極經世書》，有全書之卷目，有分篇旨之卷目。元經會十二篇，會經運十二篇，運經世十篇，共三十四篇。律呂聲音之變化十六篇；內篇十二篇。是邵子對其全書所分卷數，各有次第。

然而，為什麼又以〈觀物〉名其篇節？是否有疊床架屋之嫌？

祝氏申言以為，這是由於邵子恐日久之後，後人亂其篇次，乃以〈觀物〉貫全篇之篇次而系之，以總其書之六十二篇。又有〈外篇〉二，不以觀物系之，全書實為六十四篇（祝泌《觀物篇解》）。

這是祝氏的看法。祝氏去康節先生未遠，其說或有所本。

按：邵氏子伯溫的說法是：《皇極經世書》，凡十二卷，其一至二，則總元會運世之數，易所謂天地之數也；三至四，以會經運，以天時而驗人事者也；五至六，以運經世，以人事而驗天時者也；自七至十，以陰陽剛柔之數，窮律呂聲音之數，以律呂聲音之數，窮動植飛走之數，易所謂萬物之數也；其十一至十二，則論《皇極經世》之所以為書……故書謂之《皇極經世》，篇名〈觀物〉焉。這是先生之子邵伯溫氏的說法。

二者說法雖不盡相同，但其基本精神，並無抵迕，或由於坊間傳寫不同之故，並無考證之必要，茲備供參考而已。

日	月			星			辰子	丑	寅	卯	辰	巳	午	未	申	酉	戌	亥
甲一	丑二	離	噬嗑	甲三一	噬嗑	晉	三百六一	⋮	⋮	⋮								三百七二
				乙三二		睽	三百七三											三百八四
				丙三三		離	三百八五											三百九六
				丁三四		頤	三百九七											四百〇八
				戊三五		無妄	四百〇九											四百二〇
				己三六		震	四百二一											四百三二
				庚三七	隨	萃	四百三三											四百四四
				辛三八		兌	四百四五											四百五六
				壬三九		革	四百五七											四百六八
				癸四〇		屯	四百六九											四百八〇

		甲四一		震	四百八一	四百九二
		乙四二		無妄	四百九三	五百〇四
		丙四三	無妄	否	五百〇五	五百一六
		丁四四		履	五百一七	五百二八
		戊四五		同人	五百二九	五百四〇
離	賁	己四六		益	五百四一	五百五二
		庚四七		噬嗑	五百五三	五百六四
		辛四八		隨	五百六五	五百七六
		壬四九	明夷	謙	五百七七	五百八八
		癸五〇		泰	五百八九	六百
		甲五一		復	六百〇一	六百一二
		乙五二		豐	六百一三	六百二四
		丙五三		既濟	六百二五	六百三六
		丁五四		賁	六百三七	六百四八
		戊五五	賁	艮	六百四九	六百六〇
		己五六		大畜	六百六一	六百七二
		庚五七		頤	六百七三	六百八四
		辛五八		離	六百八五	六百九六
		壬五九		家人	六百九七	七百〇八
		癸六〇		明夷	七百〇九	七百二〇

祝氏泌說：日甲一以上之日甲一，月丑二，為第二會之初。星甲三十一運，卦為渙、漸，辰子三百六十一世。月丑二，星乙三二，卦配坎、漸。……至星癸四十，卦配屯，辰子四百六十九，至亥四百八十世，一萬四千四百年。此兩卦主十二世，前一百八十年用坎卦，後一百八十年用漸卦。

星甲四十一，卦配臨、謙，至星癸五十，卦配剝，辰子五百八十九（即癸五十），至亥一萬八千年。星甲五十一，卦配巽，至癸六十屯，辰子六百零一，至辰亥七百二十世，入元至此，兩會共二萬一千六十年。

以上為第二會之三十運、一萬零八百年，天開地闢，陰降陽升，世卦行於屯、革，屯為雷雨滿盈，天地草昧之時（屯卦彖辭：屯，剛柔始交而難生，動乎險中大亨貞，雷雨之動滿盈，天造草昧，宜建侯而不寧）。

凡言星甲至癸者，即含十運三千六百年；言辰子至亥者，即十二世三百六十年，如是於星甲至癸之下，言辰子至亥，則包十運在內，亦即指三千六百年而言，經會之元，祝氏以為起升、蒙、蠱、井。

劉氏斯組說：月丑第二會，自子入丑，為天開於上，地辟於下之候。就時而言，為律中大呂（即丑），日在元枵（十二月），節令大寒、立春，卦直噬嗑、隨、無妄、明夷、賁，象出闇向明。無妄當丑會之中，六三之前（無妄之初二三爻），與噬嗑、隨、主大寒。九四以後（無妄之九四至上九爻）與明夷、賁主立春。爻變各十五（自會初之星甲三十一至星戊四十五；自星己之四十六至星癸之六十），年數各五千四百，其閏爻離三變噬嗑，四變賁，亦分主之。前起運甲三十一，世子三百六十一；後起運四十六（即星己之四十六），世子五百四十一，迄癸亥又三百六十年，而月丑會，聲天之十，音地之十二，辰星唱，石土和，陰陽分，兩儀立之際乎？（辰星即震、離；石土即巽、坎，震離下唱巽坎，有陰陽分，兩儀立之象，故云。）

黃氏畿以為：以上為月丑第二會，天地初分之時，所謂輕清者上浮而為天；重濁者下沈而為地。當丑會之初，運在甲三十一鄉（即星甲三十一），世在子三百六十一（即辰子之三百六十一），離九三變噬嗑，主大寒（即離與星甲三十一間之噬嗑。星甲三十一下與晉之間之噬嗑，系由復、頤、屯、益來。噬嗑在圓圖復、頤、屯、益、震之後），卦直為噬嗑（即後者，與隨、無妄，共為卦直），為隨、為無妄初九至六三。此時地雖凝結，猶未堅實，凡五千四百年，當丑會之中，運在巳四十六，世在子五百四十一。離九四變賁主立春，卦直為無妄，九四至上九為明夷、為賁，於時積塊始成土石，濕潤之氣，為水之流；燥烈之氣，為火之熱，水火土石四者，成形而共為地，故曰地辟於丑。又五千四百年而丑會終焉。明夷與賁之際，漸開暗向明，欣然春意，所由來者漸矣。

朱氏隱老以為：這一會中只有地，而未有人物，但其理與數，則已存在於無形之中，援而推之，可以知其必有三十運，一萬八百年而當第二會之數於其中。

第三節　以元經會寅——觀物篇三

祝氏泌引《乾鑿度》說：「故數成於三，而始於一。」故二會為兩儀，為乾旋坤轉之世；三會為三才，為人物孕育之世；蓋天地奠位，陰陽旋轉，必有妙合凝結之道是主，人物隨寓而成，逐氣而應，自千萬而億兆，猶建寅之月，三陽亨泰，品彙征通，其卦革，則天地革而四時成者也。此會為開物之世，不亦宜乎？

日	月			星			辰子	丑	寅	卯	辰	巳	午	未	申	酉	戌	亥
甲一	寅三	離	同人	甲六一	既濟	蹇	七百二一											七百三二
				乙六二		需	七百三三											七百四四
				丙六三		屯	七百四五											七百五六
				丁六四		革	七百五七											七百六八
				戊六五		明夷	七百六九											七百八〇
				己六六		家人	七百八一											七百九二
				庚六七	家人	漸	七百九三											八百〇四
				辛六八		小畜	八百〇五											八百一六
				壬六九		益	八百一七											八百二八
				癸七十		同人	八百二九											八百四〇
				甲七一		賁	八百四一											八百五二
				乙七二		既濟	八百五三											八百六四
				丙七三	豐	小過	八百六五											八百七六

	丁七四		大壯	八百七七		八百八八
	戊七五		震	八百八九		九百
離豐	己七六		明夷	九百〇一	開物於此	九百一二
	庚七七		革	九百一三		九二四
	辛七八		離	九百二五		九三六
	壬七九	革	咸	九百三七		九四八
	癸八十		夬	九百四九		九六〇
	甲八一		隨	九百六一		九七二
	乙八二		既濟	九百七三		九八四
	丙八三		豐	九百八五		九九六
	丁八四		同人	九百九七		一千〇〇八
	戊八五	同人	遯	一千〇〇九		一千〇二〇
	己八六		乾	一千〇二一		一千〇三二
	庚八七		無妄	一千〇三三		一千〇四四
	辛八八		家人	一千〇四五		一千〇五六
	壬八九		離	一千〇五七		一千〇六八
	癸九十		革	一千〇六九		一千〇八〇

祝氏說前圖謂：

日甲一，月寅三，星甲六十一，革，辰子七百二十一，至亥七百三十二。星癸七十，大過，辰子八百二十九至亥八百四十，星甲至癸是十運，三千六百年，此辰子為「星甲六十一下之七百二十一之辰子」，至亥「癸七十下之八百四十之亥」，亦三千六百年，星甲至癸之三千六年為運，辰子至亥之三千六年為世，二者不同。

祝氏說前圖：

日甲一，月寅三，星甲七十一，始，至星巳七十六，震，辰子九百零一，至亥九百十二，星甲一至己七十六，是七十六運，二萬七千三百六十年（寅會十六運共五千七百六十，加子丑二會之各一萬零八百年，得此數）。（又按：以上可與月寅三行諸數看。）此七十六運，正天地開物之時，生物屬乎地。康節先生曰：「開物於寅中。」乃二月之節氣驚蟄，古時驚蟄原在雨水之前，唐朝僧人一行，因帝出乎震之說，震艮二卦相終始之故，遂更驚蟄在雨水之後，蠢萌畢達，雷雨滿盈而生物之故。

農	
1月	立春
	雨水
2月	驚蟄
	春分
3月	清明
	穀雨
4月	立夏
	小滿
5月	芒種
	夏至
6月	小暑
	大暑
7月	立秋
	處暑
8月	白露
	秋分
9月	寒露
	霜降
10月	立冬
	小雪
11月	大雪
	冬至
12月	小寒
	大寒

祝氏又說：第三會為開物之時，士農工商之人，飛走草木之類，性情形體之質，皆已完備畢具，這時伏羲氏始畫八卦，造書契，號曰天皇。

朱氏隱老以為：當此一會之半，既然已經有人，當然有物，人物既具，則必有主之者矣（領袖）！莫非即三皇之時？但是時之「易」，雖有其象，而無其辭，辭既不傳，事亦難考，故逆而推之，可知其運，可知其年，而其御極者之號名，則不必可知也。

劉氏斯組說：寅會處於律中太簇之時，太陽行在訾陬（正月），節令為雨水、驚蟄；卦直為既濟、家人、豐、革、同人，這時萬物以形氣化生。直卦豐，當寅會之中，豐九三以前，與既濟、家人同主雨水；九四以後，與革、同人主。前後又變各十五爻（即直卦所變之爻，前後各十五），數亦各五千四百（一會一萬八百年之半）。其閏爻離六五變同人，上九變豐，亦分主之。前起運甲六十一，世子七百二十一（會之初）；後起運星己七十六，世子九百零一（寅會中），迄癸亥又三百六十，為寅會之全數，聲天之一，音地之一，不正是天星唱，地土和，陰陽交，五行生之候？

按：《禮記・月令》疏：孟春，律中太簇；仲春，律中夾鍾；季春，律中姑洗；孟夏，律中中呂；仲夏，律中蕤賓；季夏，律中林鍾；孟秋，律中夷則；仲秋，律中南呂；季秋，律中無射；孟冬，律中應鍾；仲冬，律中黃鍾；季冬，律中大呂。如以黃鍾為宮（是謂天統），則太蔟為商（是謂人統），姑洗為角，林鍾為徵（是謂地統），南呂為羽，應鍾為變宮，蕤賓為變徵。

月寅為第三會，黃氏以為乃是天開地辟之初，其時尚無人物，所有生物皆是化生（因氣而生者，佛氏有所謂：胎生、卵生、濕生、化生之不同），如動物之生不由胎，飛鳥不以卵，菓木不以核，草類不以種子……皆為氣化而生。如易所謂「天地絪縕，萬物化醇」者是。到了乾道成男，坤道成女，始有人物。其生皆以形化，走之生由胎、飛之生由卵、木草由核由實，皆是由於形化者，如《易經》所謂之「男女媾精，萬物化生」之類。

當寅會之初，運在甲六十一，世在子七百二十一。閏卦離六五變同人，主雨水，卦直為既濟、為家人、為豐之初九至九三。這時萬物之生，由於氣化者繁，形化者已漸見開始，歷五千四百年，為寅會之中、運在己七十六，世在子九百零一，這時離上九變豐主驚蟄，卦直為豐九四至上六，為革、為同人等。是時也，形化日盛，氣化漸少，蓋人物既生，形奪乎氣，故氣惟化其小者，而大者不能復，惟形以化形，而化無窮焉，故曰人生於寅。

黃氏又說：《彖》曰：「豐者，大也，明以動，故豐。」豐之九四，離明震動（雷火為豐），開物成務，當有御極之君，蓋父天母地，長子向明而治，豐當離之中，必有為人物之主者（豐九四說，遇其夷主），雖然其名號尚莫之紀，意者其或盤古之初乎？至於革、同人又五千四百年（同人上九變革，革運為寅會之終），而寅會終矣。

第四節　以元經會卯——觀物篇四

日	月			星			辰子	丑	寅	卯	辰	巳	午	未	申	酉	戌	亥
甲一	卯四	乾	姤	甲九一	臨	師	一千〇八一											一千〇九二
				乙九二		復	一千〇九三											一千一百〇四
				丙九三		泰	一千一百〇五											一千一百一六
				丁九四		歸妹	一千一百一七											一千一百二八
				戊九五		節	一千一百二九											一千一百四〇
				己九六		損	一千一百四一											一千一百五二
				庚九七	損	蒙	一千一百五三											一千一百六四
				辛九八		頤	一千一百六五											一千一百七六
				壬九九		大畜	一千一百七七											一千一百八八
				癸一百		睽	一千一百八九											一千二百

						乾					
						同人					
乙一百一二	甲一百一一	癸一百一〇	壬一百〇九	辛一百〇八	庚一百〇七	己一百〇六	戊一百〇五	丁一百〇四	丙一百〇三	乙一百〇二	甲一百〇一
			中孚						節		
履	小畜	益	渙	中孚	臨	兌	需	屯	坎	臨	中孚
一千三百三三	一千三百二一	一千三百〇九	一千二百九七	一千二百八五	一千二百七三	一千二百六一	一千二百四九	一千二百三七	一千二百二五	一千二百一三	一千二百〇一
一千三百四四	一千三百三二	一千三百二〇	一千三百〇八	一千二百九六	一千二百八四	一千二百七二	一千二百六〇	一千二百四八	一千二百三六	一千二百二四	一千二百一二

丙一百一三		損	一千三百四五	一千三百五六
丁一百一四		節	一千三百五七	一千三百六八
戊一百十五	歸妹	解	一千三百六十九	一千三百八〇
己一百十六		震	一千三百八十一	一千三百九二
庚一百十七		大壯	一千三百九十三	一千四百〇四
辛一百十八		臨	一千四百〇五	一千四百一六
壬一百十九		兌	一千四百十七	一千四百二八
癸一百二十		睽	一千四百二十九	一千四百四〇

劉氏說：月卯第四會，寅而入卯，三才既肇，為氣播時行之候。於時律中夾鍾，日在降婁，節令春分、清明，卦直臨、損、節、中孚、歸妹，有物色昭蘇之象（說大地氣象，從幽暗而進入清明之意）。節當卯會之中，六三以前與臨、損主春分；六四以後，與中孚、歸妹主清明。爻變各十五（說星己一零六之前後，臨、損等各主之十五爻），年數亦各五千四百，其閏卦乾始用事，乾初變姤，二變同人，亦分主之。

第五節　以元經會辰——觀物篇五

日	月	月	月	星	星	星	辰子	丑	寅	卯	辰	巳	午	未	申	酉	戌	亥
	辰五	乾	履	甲一百二一	睽	未濟	子一千四百四一											一千四百五二
				乙一百二二		噬嗑	一千四百五三											一千四百六四
				丙一百二三		大有	一千四百六五											一千四百七六
				丁一百二四		損	一千四百七七											一千四百八八
				戊一百二五		履	一千四百八九											一千五百
				己一百二六		歸妹	一千五百〇一											一千五百一二
				庚一百二七	兌	困	一千五百一三											一千五百二四
				辛一百二八		隨	一千五百二五											一千五百三六
				壬一百二九		夬	一千五三七											一千五百四八
				癸一百三〇		節	一千五百四九											一千五百六〇
				甲一百三一		歸妹	一千五百六一											一千五百七二

	乙一百三二		履	一千五百七三	一千五百八四
	丙一百三三	履	訟	一千五百八五	一千五百九六
	丁一百三四		無妄	一千五百九七	一千六百〇八
	戊一百三五		乾	一千六百〇九	一千六百二〇
乾小畜	己一百三六		中孚	一千六百二一	一千六百三二
	庚一百三七		睽	一千六百三三	一千六百四四
	辛一百三八		兌	一千六百四五	一千六百五六
	壬一百三九	泰	升	一千六百五七	一千六百六八
	癸一百四〇		明夷	一千六百六九	一千六百八〇
	甲一百四一		臨	一千六百八一	一千六百九二
	乙一百四二		大壯	一千六百九三	一千七百〇四
	丙一百四三		需	一千七百〇五	一千七百一六

丁一百四四		大畜	一千七百一七	一千七百二八
戊一百四五	大畜	蠱	一千七百二九	一千七百四〇
己一百四六		賁	一千七百四一	一千七百五二
庚一百四七		損	一千七百五三	一千七百六四
辛一百四八		大有	一千七百六五	一千七百七六
壬一百四九		小畜	一千七百七七	一千七百八八
癸一百五〇		泰	一千七百八九	一千八百

劉氏斯組以為：月辰第五會，自卯至辰，陽進於五，物際于盛之候也。于時律中姑洗，日在大梁。節令穀雨、立夏，卦直睽、兌、履、泰、大畜，景物蕃鮮。履當辰會之中，六三以前與睽、兌主穀雨；九四以後與泰、大畜主立夏。爻變各十五，年數各五千四百，其閏爻乾三變履，四變小畜，亦分主之。前起運甲百二十一，世子一千四百四十一，迄癸亥三百六十，辰會周矣。聲天之三，變丙之大羽，至於四，為丁之清角；音地之三，應辰之角律，至四五而清角生，月唱交日，火和交水，其易否為泰之際乎？

黃氏說：前會四陽之日，舉趾而耕，民有恒產，漸趨禮義。《繫辭》曰：「庖羲氏沒，神農氏作，……蓋取諸益。」日中交易，取諸噬嗑，其所由來，非一世矣！當辰會之初，運在甲一百二十一，世在子一千四百四十一，乾九三變履主穀雨，卦直為睽、為兌、為履初九至六三。是時也，辨上下，定民志（《漢書・禮樂志》說：「禮節民心，樂和民聲。」人民已經有了社會規範），而禮陶樂和（維繫社會的不是刑罰，而是禮樂），凡五千四百年，當辰會之中，運在巳一百三十六，世在子一千六百二十一。乾九四變小畜，主立夏，卦直為履九四至上九，為泰，為大畜。是時也，上下交而德業成，明於醫藥，以濟夭箚而補元氣（夭箚即夭折），非天道澤民之象歟？又五千四百年而辰會終矣。

按：此說泰與大畜之象。《象》曰：「泰，天地交泰，后以財成天地之道，輔相天地之宜，以左右民。」按財同裁，輔相，補其不足之意。大畜的意思是：剛健、篤實、光輝，日新其德，……不家食（能日新其德的修養，而食祿於朝，為千萬人服務），吉，養賢也……。

第六節　以元經會巳——觀物篇六

司馬溫公說，《皇極經世書》，效法春秋之筆旨，凡事在可疑之間，無文獻可稽者，甯缺文不書。

日	月			星			辰子	丑	寅	卯	辰	巳	午	未	申	酉	戌	亥
甲一	巳六	乾	大有	甲一百五一	需	井	一千八百〇一											一千八百一二
				乙一百五二		既濟	一千八百一三											一千八百二四
				丙一百五三		節	一千八百二五											一千八百三六
				丁一百五四		夬	一千八百三七											一千八百四八
				戊一百五五		泰	一千八百四九											一千八百六〇
				己一百五六		小畜	一千八百六一											一千八百七二
				庚一百五七	小畜	巽	一千八百七三											一千八百八四
				辛一百五八		家人	一千八百八五											一千八百九六
				壬一百五九		中孚	一千八百九七											一千九百〇八
				癸一百六〇		乾	一千九百〇九											一千九百二〇
				甲一百六一		大畜	一千九百二一											一千九百三二
				乙一百六二		需	一千九百三三											一千九百四四

		丙一百六三	大壯	恒	一千九百四五	一千九百五六
		丁一百六四		豐	一千九百五七	一千九百六八
		戊一百六五		歸妹	一千九百六九	一千九百八〇
乾	夬	己一百六六		泰	一千九百八一	一千九百九二
		庚一百六七		夬	一千九百九三	二千零四
		辛一百六八		大有	二千零五	二千零一六
		壬一百六九	大有	鼎	二千零一七	二千零二八
		癸一百七十		離	二千零二九	二千零四〇
		甲一百七一		睽	二千零四一	二千零五二
		乙一百七二		大畜	二千零五三	二千零六四
		丙一百七三		乾	二千零六五	二千零七六
		丁一百七四		大壯	二千零七七	二千零八八

戊一百七五	夬	大過	二千零八九	二千零一百
己一百七六		革	二千一百〇一	二千一百一二
庚一百七七		兌	二千一百一三	二千一百二四
辛一百七八		需	二千一百二五	二千一百三六
壬一百七九		大壯	二千一百三七	二千一百四八
癸一百八十		乾	二千一百四九	二千一百六十

祝氏泌說，雖孔子亦稱五帝之德、管子有七十二封禪之君，乃至以《世本》、《竹書紀年》等所稱無懷氏、大庭氏、女媧氏等事，因無文獻可資佐證，故邵子以元經會之篇，上而三皇五帝，顯而可知者，特見於〈觀物內篇〉，而不著於紀年之中。自開物之後，人極既立，歷代相傳達四百三十世，四萬三千餘年之久，邵子之意，非是為了省略篇幅而不書，乃是秉其不妄書之理念，與其高尚人格，嚴守其「斷自唐虞」之志而已。

劉氏以為：以上為月巳第六會，木德既終，火德當王之候（史稱，伏羲氏以木德王天下。按：陰陽家以五行之德，為王者受命之運，持此說者為鄒衍，如少昊以金德，伏羲以木德，顓頊以水德，堯以火德，炎帝以土德等）。時律中呂，日在實沈（為申七月）。節令小滿、芒種，卦直需、小畜、大壯、大有、夬，物益蕃盛。大壯當巳會之中，九三以前與需、小畜主小滿，九四以後與大有，夬主芒種。爻變各十五，年數各五千四百，其閏爻乾五變大有，上變夬，亦分主之，前起運甲一百五十一，世子一千八百零一；後起運己一百六十六，世子一千九百八十一，迄癸亥又三百六十，巳會周矣。聲天之五，變戊之大宮；音地之六，應己之清角，日唱水和，其盛極難繼之際乎？已上周天之六陽。

黃氏以為，第六會自木運而為火德，凡五萬四千年，至是則皇降而帝矣！《繫辭傳》曰：「神農氏沒，黃帝堯舜氏作，……黃帝堯舜垂衣裳而天下治，概取諸乾坤」（繫下二章）。

當巳會之初，運在甲一百五十一，世在子一千八百零一，乾九五變大有，主小滿，卦直為需、為小畜、為大壯，初九至九三，是時也，政令如雷在天上，人皆惟禮是履，咸池承雲，樂亦大備，蓋軒、昊、顓頊之世也。凡五千四百年，當巳會之中，運在己一百六十六，世在子一千九百八十一，乾上九變夬主芒種，卦直為大壯九四至上六、為大有、為夬，是時也，穴居野處之民，移以宮室；結繩之俗，易以書契，聲名文物，彬彬大盛，帝嚳既執中以御天下，承以放勳（堯名，言其德澤廣被，勳名四達之意，因以為堯名）、重華（舜名），曆象明而熙庶績（堯命羲和作曆），章韶（註見後）合而宣八風（註見後），蓋乾元統天之世。自是而後，每世之首，必書御世之君（每世之始年，記載其當時在位之君主）。斷自唐虞者（孔子敘書，斷自唐虞），法仲尼也。雖陽氣升長之極，又五千四百年而巳會終，然變通宜民（《繫辭傳‧下》二章：「神農氏沒，黃帝堯舜氏作，通其變，使民不倦，神而化之，使民宜之。易窮則變，變則通，通則久。」）實自此始。夫子贊乾之上九曰：「知進退存亡而不失其正者，其惟聖人乎？」極盛之後，難乎其繼，堯舜弗禪，敗于朱均矣（堯子丹朱，舜子商均，皆不肖）！此固天道之變，聖人之權歟？

按：章韶指堯舜之樂。史家謂：黃帝之樂曰雲門；堯之樂曰咸池；舜之樂曰蕭韶；禹之樂曰大夏；湯之樂曰大濩；文王之樂曰象箾；武曰大武。謂之六代之樂。

八風：八風之說，東北為條風；東方為明庶風；東南為清明風；南為景風；西南為涼風；西為閶闔風；西北為不周風；北為廣漠風。風的意思即是萌，過了冬至四十五日，條風至；又四十五日，明庶風至；又四十五日，清明風至；又四十五日，景風至；又四十五日，涼風至；又四十五日，閶闔風至；又四十五日，不周風至；又四十五日，廣漠風至。

朱氏隱老以為：每世之首，必書御世之君者之號名，皆挑而出之，使別為一段，亦猶朱子分方圖於圓圖之外，不但有其特別用意，且使書之全體首尾，條達而無窒礙焉，觀者見之，亦有以悟先天之心法。

祝氏泌以為：《經世》之篇，自星癸一百八十之辰酉二千一百五十八，為虞舜之九年，而後每世皆書治績紀年（紀錄其治績與其朝代年分），此後六十載，即為六會之末，一元中「皇、帝之治象」轉而為「王、伯」（巳會之末，即一元之中分點，也是我國治績上，由皇、帝，變而之為王、伯的轉捩點，伯即霸），蓋自六會末年以前，如夏至之前，皆陽氣升長之時，與其餘歲軌，亦底此而長極（朝念基，朝年三百六十日，每屆夏至之後，其晝分至此為極長），觀先天卦之序，自復初爻，當夬上六（復卦是一陽初生、萬事未備之時，故說先王以至日閉關，商旅不行，后不省方）。意思是說，此時還不能有所作為，應休養生息以養其根本，安靜以養微陽。夬則一陰淩於五陽之上，治之之道在「揚于王庭，孚號有厲」。說堯時有洪水，此何時也？非有命世之大聖人，尚消息盈，以盛德而處變，豈能康濟大難，措天下於時雍（時雍，即太平之象。《書》：「黎民於變時雍，……是以風俗大和也」。《漢書》：「昔唐以萬國致時雍之政。」），使民由之而不知哉？惟堯舜克之。夫子曰，蕩蕩乎！巍巍乎！信乎不能無窮者，數之變；保民無疆者，聖人之常，人定勝天，易否而泰，此〈觀物內篇〉自五十六篇後，備陳古今之理亂，而歸於人事者也。

按：自復初爻，當夬上六（復為地雷，夬為澤天），意指由草昧而臻文明，乃是十紀之後，三皇五帝大聖人之製作發明，如火的運用、文字、舟車、衣裳、宮室之發明，與制曆中子、制禮作樂等；如黃帝之戰蚩尤，少昊氏之平九黎，堯時之洪水、猰俞（泧翳耶，即猛犬，速度極快、食人，像貙，虎爪，又同猰貐。）之災，舜之四凶之亂……等，皆有賴於命世之大聖人，尚消息盈，以盛德而處變，始得措天下於時雍者。

第七節　以元經會午——觀物篇七

劉氏斯組說：自巳至午，陽升已極，為陰息伊初之候也（陽極而陰始生）。於時，律中蕤賓（即午），日在鶉首（即五月）；節令夏至、小暑；卦直姤、大過、鼎、恒、巽。物萌陰類（陽升已極，故物類萌陰）。鼎當午會之中，九三以前，與姤、大過主夏至；九四以後，與恒、巽主小暑，爻變各十五（直運之正卦二卦半、姤至鼎之六三，自節之姤，共十五爻），年數各五千四百，其運卦坎方用事，初變節，二變比，亦分主之。前起運一百八十一，世子二千一百六十一；後起運己一百九十六，世子二千三百四十一，訖癸亥三百六十，午會周矣！聲天之六，音地之七，唱和虛辰（聲天之六，其辰聲皆虛），其南北暑寒之極乎？按丙戌同在巳，天聲之三五並焉。丁巳交午，則四與六聲也，唱虛南不生物之故。

				甲一		日
				午七		月
				坎		
				節		
丙一百八三		乙一百八二		甲一百八一		星
				姤		
訟		遯		乾		
商祖辛十	二千一百八五	夏孔甲二十三	二千一百七三	夏禹八	二千一百六一	辰子
商沃甲二四	二千一百八六	夏發一一	二千一百七四	夏太康二	二千一百六二	丑
商祖丁一九	二千一百八七	夏癸二二	二千一百七五	夏仲康三	二千一百六三	寅
商陽甲二	二千一百八八	夏癸五二	二千一百七六	夏相二〇	二千一百六四	卯
商盤庚二五	二千一百八九	商太甲一七	二千一百七七	少康生二三	二千一百六五	辰
商小乙六	二千一百九〇	商沃丁一四	二千一百七八	少康立一三	二千一百六六	巳
商武丁八	二千一百九一	商太庚一五	二千一百七九	夏槐四	二千一百六七	午
商武丁三八	二千一百九二	商雍己三	二千一百八〇	夏芒八	二千一百六八	未
商祖甲二	二千一百九三	商太戊二一	二千一百八一	夏不降三	二千一百六九	申
商祖甲三二	二千一百九四	商太戊五一	二千一百八二	夏不降四	二千一百七十	酉
商武乙二	二千一百九五	商仲丁六	二千一百八三	夏扃五	二千一百七一	戌
商帝乙二五	二千一百九六	商亶甲八	二千一百八四	夏廑一四	二千一百七二	亥

己一百八六		戊一百八五		丁一百八四	
大過		鼎		巽	
周威烈王九	二千二百二一	周幽王五	二千二百〇九	商受辛〇八	二千一百九七
周安王十五	二千二百二二	周平王二四	二千二百一十	周成王九	二千一百九八
周顯王十二	二千二百二三	周桓王三	二千二百一一	周康王二	二千一百九九
周顯王四二	二千二百二四	周莊王十	二千二百一二	周昭王六	二千二百
周赧王十八	二千二百二五	周惠王二〇	二千二百一三	周昭王三十六	二千二百〇一
周赧王四八	二千二百二六	周襄王二五	二千二百一四	周穆王十五	二千二百〇二
秦始皇十	二千二百二七	周定王十	二千二百一五	周穆王四十五	二千二百〇三
漢高祖元	二千二百二八	周靈王五	二千二百一六	周懿王八	二千二百〇四
漢文帝三	二千二百二九	周景王八	二千二百一七	周孝王十三	二千二百〇五
漢景帝十	二千二百三〇	周敬王一三	二千二百一八	周厲王十二	二千二百〇六
漢武帝二四	二千二百三一	周敬王四三	二千二百一九	周厲王四十二	二千二百〇七
漢武帝五四	二千二百三二	周貞定王二三	二千二百二〇	周宣王二十一	二千二百〇八

壬一百八九		辛一百八八		庚一百八七	
				大過	
困		咸		夬	
唐高宗一五年	二千二百五七	晉惠帝一四	二千二百四五	漢宣帝一七	二千二百三三
唐中宗一一年	二千二百五八	晉成帝九	二千二百四六	漢成帝六	二千二百三四
唐元宗三年	二千二百五九	晉哀帝三	二千二百四七	漢平帝四	二千二百三五
唐元宗四三	二千二百六〇	晉孝武帝二二後魏道武元	二千二百四八	漢光武帝十	二千二百三六
唐德宗五年	二千二百六一	宋帝義隆元後魏太武元	二千二百四九	漢明帝七	二千二百三七
唐憲宗九年	二千二百六二	宋孝武元年魏文成三	二千二百五十	漢和帝六	二千二百三八
唐武宗四年	二千二百六三	齊武帝二後魏孝文一四	二千二百五一	漢安帝八	二千二百三九
唐僖宗元年	二千二百六四	梁武帝一三魏宣武一五	二千二百五二	漢桓帝八	二千二百四〇
唐昭宗一六年	二千二百六五	梁武帝四三西魏文帝一一	二千二百五三	漢靈帝一七	二千二百四一
	二千二百六六	陳宣武七後周武帝一五	二千二百五四	漢獻帝二五	二千二百四二
宋太祖五年	二千二百六七	隋煬帝六	二千二百五五	魏芳五蜀禪三吳權二三	二千二百四三
宋太宗一九年	二千二百六八	唐太宗九年	二千二百五六	吳帝皓一一晉武帝十	二千二百四四

	坎							
	比							
庚一百九七	己一百九六	戊一百九五	丁一百九四	丙一百九三	乙一百九二	甲一百九一	癸一百九〇	
				鼎				
姤	蠱	未濟	旅	大有	姤	恒	井	
二千三百五三	二千三百四一	二千三百二九	二千三百一七	二千三百〇五	二千二百九三	二千二百八一	宋仁宗二年	二千二百六九
							宋仁宗三二年	二千二百七〇
							宋神宗一七年	二千二百七一
							宋徽宗一五年	二千二百七二
							宋高宗一八年	二千二百七三
							宋孝宗一二年	二千二百七四
							宋甯宗十年	二千二百七五
							宋理宗端平元	二千二百七六
								二千二百七七
								二千二百七八
								二千二百七九
二千三百六四	二千三百五二	二千三百四〇	二千三百二八	二千三百一六	二千三百〇四	二千二百九二		二千二百八〇

庚二百〇七	己二百〇六	戊二百〇五	丁二百〇四	丙二百〇三	乙二百〇二	甲二百〇一	癸二百	壬一百九九	辛一百九八
		巽						恒	
渙	漸	小畜	鼎	大過	升	解	小過	大壯	恒
二千四百七三	二千四百六一	二千四百四九	二千四百三七	二千四百二五	二千四百一三	二千四百〇一	二千三百八九	二千三百七七	二千三百六五
二千四百八四	二千四百七二	二千四百六〇	二千四百四八	二千四百三六	二千四百二四	二千四百一二	二千四百	二千三百八八	二千三百七六

癸二百一十	壬二百〇九	辛二百〇八
井	蠱	姤
二千五百〇九	二千四百九七	二千四百八五
二千五百二〇	二千五百〇八	二千四百九六

又說：巳會之中，皇降而帝，皇帝堯舜氏作，通變宜民（《繫辭傳・下》二章：黃帝堯舜氏作，通其變，使民不倦，神而化之，使民宜之）。應乾元通天（乾卦《彖》辭：大哉乾元，萬物資始乃統天），聖作物睹（乾《文言》：「九五……雲從龍，風從虎，聖人作而萬勿睹。」），大有天佑（大有上九：自天佑之，吉無不利），夬煥文章之象（《繫辭傳・下》二章：「……舟楫之利，以濟不通，致遠以利天下，蓋取諸渙。」又：「上古結繩而治，後世聖人易之以書契，百官以治，萬民以察，蓋取諸夬。」）

故仲尼觀天推曆，斷自唐虞。午會之交，夏受虞禪，凡八年，姤之變乾，仲康乃立；變遯而夏亡商興；變訟商祖丁十九祀；變巽，周已代商，至康王二年矣！變鼎，周桓；大過，周赧，秦傳二世，漢興乃直大過，初變夬，漢平之四年，其後三國並於晉，變咸，則晉哀三年，中歷五代而唐興；變困，唐元宗四十三年，是時直萃之三爻變咸，宋太祖受命，實於此會矣！自是而遞推之，為蹇、為小過、為遯，乃又而鼎矣！

黃氏畿以為：午會乃第七會，前六會，為陽升已極，午會之始，乃陰息之初。運在甲一百八十一；世在子二千一百六十一。運爻坎初爻，變節，主夏至，卦直為姤、為大過、為鼎初六至九三。

這時夏禹朝的治績，雖然也是十分了不起的，但較之前「皇」，已經等而下之了。所謂「皇降而帝，帝降而王」，夏禹的天下，亦僅能及於稱「王」之境界。關於皇、帝、王、伯（霸）的政治境界，邵子《皇極經世書》，有著非常嚴肅的區別。所謂「皇以道化；帝以德教；王以功勸；伯以力率」。說皇乃以道治天下，帝以德治天下，王以功治理天下。自功而下，轉而尚力（征戰打伐，治民以法），以至於伯，乃至降而為虎狼之秦，徇且漸而淪為夷狄之族矣！

《皇極》雖於世之開始，紀其為政御極之君，但亦不無例外，如星甲一百八十一，世之辰二千一百六十五，書「少康生」，少康自其父相失國後，生於民間已二十餘年，《皇極》不書寒浞而書少康之生，如御極之君者，何故？書夏癸、商受，乃至湯之盛而不書，赧王之微則書之，何也？

祝氏以為，這是由於三代之得天下以仁，之所以書少康、書赧王，幸其曆數猶存之故（猶能維繫法統）。如所謂「天之曆數在爾躬」者。

黃氏以為：劉邦甫入關，即書漢高祖者？乃是慶幸曆數之去不仁（之秦）、而歸之故也。書魏於蜀吳之先，書魏道武於晉之下（魏道武當時已擁有中原，而晉乃是偏安之局，言正統仍以晉為先），乃是「天畀之以中國，則從而中國之」而已。既如此說，何以承認秦始皇之正統，而書之於世首何也？因為秦之得天下雖以至不仁，乃是由於法律的事實，不得不然者，所謂「曆數在焉」，不得已而予之也。同理，書隋猶秦，亦不得已而予之者也（隋煬之不仁，尤過於秦始皇）。至於世丑二千二百五十八，書唐中宗而不書武氏，乃是以母從子也（中宗即位後不久，即被廢為廬陵王，《皇極》仍以世首予之，廬陵，今江西吉安）。黃氏以為，天下事變幻莫測，乃是由於天命之故，但天理之正，乃是衡量天道之變之得失、功過之規矩準繩，所以黃氏說：「事之變者天也，理之正者亦天也，是故正其變，必以理焉。」

關於書中宗而不書武氏，朱氏隱老以為：「不書母而書子，不書變而書正，所以正天下後世之不正者也。」朱氏另對世首之書癸（即夏桀）、書辛（殷紂）、書煬等說：書之而善，固以見天之所取；書之不善，見天之所棄也。

以上正統與非正統之辨，似乎是公說公有理，婆說婆有理，史家欲以其筆，為後世立正規範，以垂教於將來者。

黃氏說：「唐昭宗以後，獨虛辰酉者。」（按：昭宗之後，天下混亂已極，以五代之亂局，故不忍書之，星壬一百八十九，世辰酉二千二百六十六以空格置之，即所謂獨虛辰酉而不書），乃五季以寇狄亂中國，故不書也。必若宋而後，可以續唐矣。黃氏十分感歎的說：「入午不逾旬運，而治迹已盡，古今真旦夕哉！」

凡五千四百，當午之中，運在已一百九十六，世在子二千三百四十一，坎九二變比，主小暑，卦直為鼎九四至上九，為恒、為巽。是時也，陽降而消，陰息而長，人世日變，舊而從新，又五千四百年，則午會終矣！

《皇極》書「少康生」於世首，祝氏論說：春秋昭公出居於外（魯昭公是一位十分富有童心的君主，天生的好觀光、旅遊，把國家政事，丟在一邊，自己或如楚，或如鄆，或如齊……，於其在位之二十五年，發生三家兵變而出奔於晉，最後終思返國，卻被其權臣季氏與晉國勾結，阻止其返國，鴝鵒來巢，就是發生在這個時候，也就應在昭公的身上，客死異鄉而不歸），雖然昭公滯於國外，但《春秋》書於歲首，必書其地，以表示承認魯君的存在。夏相自二十八年失邦，天下被僭竊於有窮氏者四十年，少康生於有仍氏，當辰之卯二千一百六十四世，若二千一百二十五世甲子年，少康猶未復國，《皇極》於經運篇中，即書少康始生，而此以夏少康生，書於世首。按說應是過予，之所以然者？即所謂「天道無親，常與善人」之意。

王氏植以為：此篇自星之七十六（第三會寅，開物於此），至星之三百一十五（第十一會之戌三百一十五，閉物於此），統〈以會經運篇〉之文，自辰之二千一百四十九（即第六會巳，唐堯即位之運），至辰之二千二百六十六（即午會星壬一百八十九，辰酉之時），統〈以運經世篇〉。以運經世一格管一年，此篇每一格管一世，故此一格，即後之三十格，此處說夏禹八者，後篇午會之第一年，即夏禹之八年。

祝氏對午會辰子二千一百六十一堯傳禹之八年，有以下的感慨，說：月經天之五，如周之七月，今之五月，大造之運，一陰始生，元氣自是而降行，陰消之限，皇、帝自是而為王、伯，後代豈無行帝道而帝之君？奈時無升陽之會，世入陰長之期。〈內篇〉之六十，康節即興歎說：「時無百年之世，世無百年之人，比其有代，則賢之與不肖何止於相半也？」

「時無升陽之會，世入陰長之期」（言陽消陰長），冥冥之中，似已決定了人類未來的命運，風俗日澆，人心去古日遠，社會變遷無可挽回之基本因素所在，無論中外，無論個人或國家，咸皆走上此一不歸路。全世界的思想家、哲學家，雖然都在挖空心思，提出學說，希望消除人類的痛苦，為人類創造幸福，但其結果，說來滿諷刺的，幾乎無不事與願違（如核能的發展），思想家、科學家們所作的努力，雖然為人類創造了某些方面的物質享受，但也為人類帶來了無可抑止的災難，反而更將其推入骨獄血淵之中。十八世紀末，德國的大哲學家斯賓格勒，即慨歎人類在文明進化的努力上，是事與願違的。正如古人說的「陽焰覓魚」，人類一方面製造了快樂，同時也造了傷害與痛苦，看來全世界人類，似乎皆難逃出此一頗為無奈的旋律中。

我國的古聖先賢，從不在「唯物、唯心」，「存在主義」、歷史的長期佔有論、「徵實論」等上動腦筋，而是在外國人看來似乎是不可思議的微言大義處，即事之理上著手，用一個字，一句話來點明其是非曲直，以告誡後人，即所謂之一字褒貶。從孔子的《春秋》，以及中國的古歷史學者，莫不如此，《皇極經世》，以《易》、《書》、《詩》、《春秋》，擬皇、帝、王、伯，是有著深意的。

然則，邵子在〈以會經運〉中的甲子世首，不書秦始皇，而于〈元經會〉之第七會（午）之星己一百八十六，辰午之二千二百二十七，書「秦始皇十（年）」，豈非矛盾？這是由於始皇併吞六國，雖然並非正命，然亦皇天厭亂，使之代為驅除者。或謂時值秦併天下之時，午會所列，乃康節先生紀時之書耳（只說這個時候曾有此事，而無關於是非善惡）。

朱氏隱老的看法是：人之所不與，固亦天之所與也，天擬斯人以剗削諸侯（剗音產，削平之意），焚滅載籍，變更制度，而創立號名，夫豈小故耶？故曰：「人之所不與，固亦天之所與也（謂秦）。」

按朱氏「人之所不與，固亦天之所與也」之說，可分作兩層來看。其一，如荀子所謂：「天不為人之惡寒也輟冬；地不為人之惡遼遠也輟廣，君子不為小人之洶洶也輟行。」這是屬於自然的，無能變異而必當如此的。其次如野火、颶風、雨澇、地震等自然災害，此類之變，並非是必當如此者。問題是既不為人類之所欲，而天何以與之呢？這是天人之際的學問，恐怕還是要作更精深的探討了吧？

至於三國分立，天下辯正統者，多進蜀以存漢，惟康節先生與司馬文正，皆以魏先蜀吳者，其實鼎書三國之君，乃辯名立號之用，非所以厚魏而薄他也。

朱氏隱老對三國正統的看法是：之所以先魏？乃是「天界之以中國」。這裡要注意「天界之」三字，換言之，也就是天命。通俗點說，也可能是運氣好，捷足先佔據有中國之故。又說：「人事之得喪，則無與於天。是以觀天之數者，因其有中國，則從而中國之也」，意思是說，什麼人作皇帝，與天無關，天數如此，因為有中國，故所以中國之（魏居有中國之大部，蜀、吳皆居邊地）。

「觀天之數者，因其有中國，遂從而中國之」。是「中國」云者之涵意，與天數有關（頗具有天命、至尊之意），當然尤重於「傳舍」者之名號。用現在的術語說，即是對「既成事實」之承認而已。

另一個問題，就是南北之分，應以何者為正統？這是由於星辛一百八十八，辰卯二千二百四十八之晉孝武帝，與後魏道武並列，所引起的問題。祝氏以為：自古以來，天子雖分封列國，而統于一王，秦始皇併天下，廢封建為郡縣，中國未嘗判為南北也。自西晉五馬渡江（琅琊王、西陽王、汝南王、彭城王、南頓王），遂成南北對境，《皇極》雙存晉與魏為二。古人有關南北之分，或以天象分山河為南北（如唐朝僧人一行，著《大衍曆》），或以天命，其實邵子先晉而後漢，其本身不就是答案嗎？

朱氏隱老以為，後魏之有中國，乃天與之也，既為天與，何以不先魏而後江南？這是從江南人事上來說的，所謂江南其人也，中國其地也。天命為上，晉得天命先于魏，因之後魏而先晉。

另外一則有趣的問題，就是一天下者，未必能治天下。如六國分而秦一之；南北分而隋一之，然而秦、隋，均不旋踵而漢唐興？大亂之後有能戡亂者，未必能定亂，這是嗜殺之報于秦、隋者？天將亮時，必有黎明前之黑暗，所謂「欲曙之天，必大暝而後爽」，秦隋、漢唐，明照萬國前之黑暗者！

他如五代之際，《皇極》亦缺而不書，朱梁以辰之申，挾唐帝而受禪，歲在乙丑，非世之首而未書，固有可說，至後唐閔帝當辰之酉之甲午，應可書了，但《皇極》仍缺而不書，何以故？乃是由於藩鎮亡唐五十載之間，代登大寶，曾如傳舍（像住旅館），與三國、六朝之君，猶能作威福於天下，享國少延者不侔，《皇極・內篇》說：「後五代之伯，日未出之星也。」〈洪範〉以庶民為星，所謂：「庶民惟星。」邵子以星來比喻五代之君，是十分鄙視之意，五代之君，去伯尚遠，還有資格雍坐國君的寶座嗎？所謂：「視五代之君，且不足以伯（連霸的條件也談不上），其可以僭天位乎？」秦始皇併天下，皇極以運經世，猶等以六國之君視之，不升秦以承周，這是涵有深意的。

按：後五代為

後梁：太祖朱全忠—末帝，凡二主，共一十七年，西元907—923。

後唐：莊宗李存勖—明宗—閔帝—廢帝，凡四主，共十四年，西元923—936。

後晉：高祖石敬唐—出帝，凡二主，共十一年，西元936—946。

後漢：高祖劉知遠—隱帝，凡二主，共四年，西元947—959。

後周：見後。

五代共十三主，五十三年，僅六主善終，中間又有僭號之國十一處，稱王、稱帝賢愚不一，世稱五代十國。

朱氏隱老說：五代之君，非起於寇盜，則起於藩鎮，使御之有道，則藩鎮可轉為良吏，夫何敢僭竊？寇盜可轉為良民，夫何敢窺覬？換言之，亂五代之形成，皆出於在上者之人謀不藏（人為之失），是以觀天者以為不足以書，因不書五代而書宋（按：五代之梁唐晉漢四而未書周，乃是宋代周之故），以為只有宋之有天下，而後可以為唐之續。

大程先生有云：「數學至康節始以理言。」《皇極經世》之數，乃是以理推者，元會運世之於數，亦猶近代之數學公式，融天地終始之數於十二會中（融堯舜而後四千餘年之人事，於午會中），以明千古之變。

《皇極》之變，先由天之變，而後及於地之變。天之變十六，由震而姤，其數多至七秭九千五百八十六萬六千一百一十垓九千九百四十六萬四千八京八千四百三十九萬一千九百三十六兆（以三十乘復得此數）。

按：蓋姤為巽五之首，復乃震四之末，請參考圓圖及大小運數圖。所以以三十乘復數得姤數。之後復以十二、三十遞乘，以至於坤，如此龐大之數，難以計算，古人用歸零之法，使姤如乾，仍歸於一。由姤而坤，亦如由乾而復（天之變乃由乾之一，夬之十二，復之三百六十……以至於復之二千萬垓，故使姤歸乾之一，而為大過之十二同夬；鼎三百六十同大有；恒四千三百二十同大壯；巽之十二萬九千六百同小畜。）姤交乾應復為元之元（所謂交，即變之意，如姤乃乾之變；所謂應，即陰陽相對意，如復為一陽五陰，姤為一陰五陽，對則應矣）！

從午會大小運數看，三十大運之姤，初變乾；大過初變夬；鼎初變大有；恒初變大壯；巽初變小畜，所以姤同天之乾；大過同天之夬；鼎同天之大有；恒同天之大壯；巽同天之小畜。

乾為一，同理姤亦為一，如下以姤為一。

姤一，然姤之一，亦可為一秒（姤之數同乾數，乾為一，亦為一秒）。則：

大過十二，交（即變）夬（大過十二，同夬亦十二）應頤。大過為澤風，乃二陰四陽之卦，頤為山雷，乃二陽四陰之卦，故說應（照應、呼應之意），為會之元。

鼎三百六十，交大有（鼎為火風，同大有之數）；應屯（屯為水雷），為運之元。

恒四千三百二十，交大壯應益（恒為雷風，益為風雷），為世之元。

巽一十二萬九千六百，交小畜（巽同小畜之數）應震（與震相應），為世之世。

黃氏畿以為：天之十六變至姤而止（天之變，每變二卦，十六變三十二卦，陽已無可再變，故說至姤而止），因數目太大，不可再乘，故變其初，以統合於乾而為一（至姤因數目太大，不易再乘，遂變姤為一而統合於乾）。然姤之一，亦為一秒；大過之十二，亦為分之秒（一分十二秒）；鼎之三百六十，亦為時之秒（如姤為秒，則大過為分秒，鼎為時秒，恒為日秒，巽為月秒，亦可為年秒）；恒之四千三百二十（恒交大壯，四千三百為大壯之數），亦為日之秒；巽之十二萬九千六百，亦為月之秒。示如下：

姤之一，亦為一秒；

大過之十二當分秒（一分十二秒）；

鼎之三百六十當時之秒（一時三十分、三百六十秒）；

恒之四千三百二十當日之秒（一日十二時、四千三百二十秒）；

巽之十二萬九千六百，亦為月之秒（一月三十日、十二萬九千六百秒）。

故一元之年，一會之月，一運之日，一世之時，一年之分，一月之秒，皆十二萬九千六百（十二萬九千六百，可為元之年，會之月……等）。至於一日，亦可作一，一秒亦可作一日。示之如下：

元之年、等會之月、等運之日、等世之時、等年之分、等月之秒等十二萬九千六百。

又如以日為元，則：

日得元數，日為元一；

時得會數，時為會十二；

分得運數，分為運三百六十；

秒得世數，秒為世四千三百二十。

又如秒得日數，即一秒如一日，則秒得日數，同於元，元之年數為十二萬九千六百，則：

積十二秒，則為十二之十二萬九千六百，為一百五十五萬五千二百，亦即分之秒；

積三百六十秒，亦即三十之一百五十五萬之數，為四千六百六十五萬六千，為時之秒；

積四千三百二十秒，即十二之四千六百之數，為五億五千九百八十七萬二千為日之秒；

積十二萬九千六百秒，即三十之五億五千萬之數，為一百六十七億九千六百一十六萬為一月之秒數。

又如：以十二萬九千六百為一秒，則——

一百五十五萬五千二百為一分（一分十二秒）；

四千六百六十五萬六千為一時（一時三百六十秒）；

五萬五千九百八十七萬二千為一日（一日四千三百二十秒）；

一百六十七億九千六百一十六萬為一月（一月十二萬九千六百秒）。

自秒為年（秒既同日，日又同年，是秒亦可為年）長小為大而運成矣（以小為大）！

第八節　以元經會未——觀物篇八

劉氏斯組論說：月未第八會：自午至未，陰柔浸長，陽剛退消之候也。于時律中林鍾（於時為未），日在鶉火（午方），節令大暑、立秋，卦直井、蠱、升、訟、困。物畏過盛，升當未會之中，六三以前與井、蠱主大暑；六四以後，與訟、困主立秋，爻變各十五，年數各五千四百，其閏卦坎三變井，四變困，亦分主之。前起運星甲二百一十一，世子二千五百二十一；後起運星巳二百二十六，世子二千七百零一，迄癸亥又三百六十，未會周矣！聲天之六已半，徵變宮，音地之十二，石和星聲，其就運行生物而為言乎？

					月
				未八	
				坎	
				井	
戊二百一五	丁二百一四	丙二百一三	乙二百一二	甲二百一一	星
				井	
升	大過	坎	蹇	需	
二千五百六九	二千五百五七	二千五百四五	二千五百三三	二千五百二一	辰子
				二千五百二二	丑
				二千五百二三	寅
				二千五百二四	卯
				二千五百二五	辰
				二千五百二六	巳
				二千五百二七	午
				二千五百二八	未
				二千五百二九	申
				二千五百三十	酉
				二千五百三一	戌
二千五百八〇	二千五百六八	二千五百五六	二千五百四四	二千五百三二	亥

癸二百二〇	壬二百一九	辛二百一八	庚二百一七	己二百一六
			蠱	
鼎	蒙	艮	大畜	巽
二千六百二九	二千六百一七	二千六百〇五	二千五百九三	二千五百八一
二千六百四〇	二千六百二八	二千六百一六	二千六百〇四	二千五百九二

戊二百二五	丁二百二四	丙二百二三	乙二百二二	甲二百二一
		升		
師	謙	泰	升	巽
二千六百八九	二千六百七七	二千六百六五	二千六百五三	二千六百四一
二千七百	二千六百八八	二千六百七六	二千六百六四	二千六百五二

				坎
				困
癸二百三〇	王二百二九	辛二百二八	庚二百二七	己二百二六
	訟			
否	履	蠱	井	恒
二千七百四九	二千七百三七	二千七百二五	二千七百一三	二千七百〇一
二千七百六〇	二千七百四八	二千七百三六	二千七百二四	二千七百一二

戊二百三五	丁二百三四	丙二百三三	乙二百三二	甲二百三一
困				
兌	困	未濟	渙	姤
二千八百零九	二千七百九七	二千七百八五	二千七百七三	二千七百六一
二千八百二〇	二千八百〇八	二千七百九六	二千七百八四	二千七百七二

癸二百四〇	壬二百三九	辛二百三八	庚二百三七	己二百三六
訟	解	坎	大過	萃
二千八百六九	二千八百五七	二千八百四五	二千八百三三	二千八百二一
二千八百八〇	二千八百六八	二千八百五六	二千八百四四	二千八百三二

時。

劉氏的看法是：未會為陰長陽消之侯，於時為未，方向在午，亦即由夏入秋之

黃氏畿說：月會未者，第八會也。當未會之初，運在甲二百一十一。世在子二千五百二十一，坎六三變井、主大暑，卦直為井、為蠱、為升，初六至九三，是時也、陰柔上進，陽剛下消，凡五千四百年，當未會之中，運在巳二百二十六，世在子二千七百零一，坎六四變困，主立秋，卦直為升六四至上六，為訟、為困，是時也，陰柔揜蔽，陽剛用窮，又五千四百年而未會終矣！

自大小運數來看：

巽交小畜（巽同小畜十二萬九千之數）應震，為世之世；

井交需（井同需百五十五萬之數）應噬嗑，井為水風，噬嗑為火雷，為運之世；

蠱交大畜（蠱同大畜四千六百六十五萬之數）應隨，蠱為山風，隨為澤雷，為會之世；

升交泰（升同泰五億五千九百八十七萬之數）應無妄，升為地風，無妄為天雷，為元之世。

假如：

積月之一十二萬九千六百，長而為元之一百五十五萬五千二百，為元之月，亦為年之秒（即十二之十二萬之數）；

積日之一十二萬九千六百，長而為元之四千六百六十五萬六千，為元之日，亦為世之秒（即三十之一百五十五萬之數），為世之世；

積時之一十二萬九千六百，長而為元之五億五千九百八十七萬二千，為元之時，亦為運之秒（即十二之四千六百萬之數）；

積分之一十二萬九千六百，長而為元之一百六十七億九千六百一十六萬，為元之分，亦為會之秒（即三十之五億之數）；

積秒之一十二萬九千六百，長而為元之二千零一十五億五千三百九十二萬，則為元之秒也（即十二之百六十七億之數）。

準以上所說，則：

如以巽之十二萬九千六百為年，則井為月，蠱為日，故說：井為元之一百五十五萬五千二百月，亦為年之秒；蠱為元之四千六百六十五萬六千日，亦為世之秒；升為元之五億五千九百八十七萬二千時，亦為運之秒，即以下訟之一百六十七億九千六百一十六萬之數，為元之分，亦為會之秒；困交兌之二千零一十五億五千三百九十二萬之數，即元之秒也。

元會之交，自履兌始（參看《天地始終之數圖》）。履十二秒，為會之元，月之日；兌一百四十四秒，為會之會、月之月，乾位八卦，為元之元會運世、年月日時；至履、兌，為會之元會運世、年月日時，故云。

會之元十二，自訟交之（《天地始終之數圖》，每位首卦皆為一，則履之十二，訟之百五十五萬，亦皆乾之一之所變，同為卦首，故同為一，但變少為多，長小為大之異耳）。合以履數一百六十七億九千六百一十六萬之數為一分。（兌為元之秒，則履為元之分，此所謂一分，乃是以一百六十七億之數為一而已，此猶外七章第八節以一百六十七億之數為月，同章第十三節，每一百六十七億九千六百一十六萬開一分，開猶雲算也，意同。）

會之會一百四十四（即兌數），自困交之（〈始終數圖注〉：以十二因首卦得次卦數，故十二因十二為一百四十四），合以兌數（即困數）二千零一十五億五千三百九十二萬之數（大小運數圖）。由此言之，十二者一也（履十二，即乾之一），一百四十四者十二也（兌之一百四十四，即夬之十二），一與十二相乘而閏法立焉（詳見下節），交合必於未會者，陰陽消長之初也（午會陰始生，未會陰已長）。

編者加註：數字檢驗法則
（以下篇章同）

1(*12)
12(*30)
360(*12)
4320(*30)
129600(*12)
1555200(*30)
46656000(*12)
559872000(*30)
16796160000(*12)
201553920000(*30)
6046617600000(*12)
72559411200000(*30)
2176782336000000(*12)
26121388032000000(*30)
783641640960000000(*12)
9403699691520000000(*30)
282110990745600000000(*12)
3385331888947200000000(*30)

以此類推……

第九節　以元經會申——觀物篇九

劉氏謂：九會為「陰柔內揜，陽剛外消」之候。於時律中夷則（十二律，夷則配時為申），日在鶉尾（即未，為五月，日月交會之時）；節令處暑、白露，卦直為未濟、解、渙、蒙、師，物氣揫斂（揫鳩，用手抓住之意），渙當申會之中，六三以前與未濟、解主白露，爻變各十五（渙六三及初、二、三爻與未濟、解之十二爻，共十五），年數各五千四百，其閏爻坎五變師，上變渙，亦分主之。前起運甲二百四十一，世子二千八百八十一；後起運己二百五十六，世子三千零六十一，迄癸亥又三百六十，申會已周。聲止七庚為少商（庚數七、少商亦七），地音應日止九，應日月至十二，其日入月出於庚方乎？

黃氏纖說：當申會之初，運在甲二百四十一，世在子二千八百八十一，坎九五變師主處暑，卦直為未濟、解、為渙初六至九三。是時也，陽剛外消，陰柔內險。凡五千四百年，當申會之中，運在己二百五十六，世在子三千零六十一，坎上六變渙主白露，卦直為渙六四至上九，當坎之終為蒙、為師（蒙、師二卦，居坎位末，陰柔日盛），是時也，陰柔上長，陽剛下陷。又五千四百年而申會終矣！

日	月	星		辰 子	丑	寅	卯	辰	巳	午	未	申	酉	戌	亥
	申九 坎 師	甲二百四一	未濟 睽	二千八百八一											二千八百九二
		乙二百四二	晉	二千八百九三											二千九百〇四
		丙二百四三	鼎	二千九百〇五											二千九百一六
		丁二百四四	蒙	二千九百一七											二千九百二八
		戊二百四五	訟	二千九百二九											二千九百四〇
		己二百四六	解	二千九百四一											二千九百五二

									坎		
									渙		
庚二百四七	辛二百四八	壬二百四九	癸二百五〇	甲二百五一	乙二百五二	丙二百五三	丁二百五四	戊二百五五	己二百五六	庚二百五七	辛二百五八
解						渙					
歸妹	豫	恒	師	困	未濟	中孚	觀	巽	訟	蒙	坎
二千九五三	二千九百六五	二千九百七七	二千九百八九	三千〇〇一	三千〇一三	三千〇二五	三千〇三七	三千〇四九	三千〇六一	三千〇七三	三千〇八五
二千九百六四	二千九百七六	二千九百八八	三千	三千〇一二	三千〇二四	三千〇三六	三千〇四八	三千〇六〇	三千〇七二	三千〇八四	三千〇九六

壬二百五九	蒙	損	三千〇九七	三千一百〇八
癸二百六十		剝	三千一百〇九	三千一百二〇
甲二百六一		蠱	三千一百二一	三千一百三二
乙二百六二		未濟	三千一百三三	三千一百四四
丙二百六三		渙	三千一百四五	三千一百五六
丁二百六四		師	三八一百五七	三千一百六八
戊二百六五	師	臨	三千一百六九	三千一百八〇
己二百六六		坤	三千一百八一	三千一百九二
庚二百六七		升	三千一百九三	三千二百〇四
辛二百六八		解	三千二百〇五	三千二百一六
壬二百六九		坎	三千二百一七	三千二百二八
癸二百七十		蒙	三千二百二九	三千二百四〇

從大小運數而言：

未濟交睽（見星甲二百四十一下，未濟數同睽，睽數為六萬以下之數，下仿此），得六萬零四百六十六億一千七百六十萬（編者加註：本數即六兆零四百六十六億一千七百六十萬，以下同），為一日（上未會兌數為二千零一十五億之數為十二分，十二分以三十因之，得三百六十分，即一日之數，故說一日）。

解交歸妹（見星庚二百四十七下），得七十二萬五千五百九十四億一千一百二十萬，為十二日（這是以十二因睽為一日，十二因一日，故此為十二日）。

渙交中孚（見星丙二百五十三），得二千一百七十六萬七千八百二十三億三千六百萬，為一年（此以三十因歸妹得數，歸妹為十二日，則此為三百六十日，故為一年）。

坎交節，得二兆六千一百二十一萬三千八百八十億三千二百萬，為十二年（此以十二因中孚得數，彼為一年，故此為十二年）。

蒙交損（見星壬二百五十九下），得七十八兆三千六百四十一萬六千四百零九億六千萬，為一運（此以三十因節得數，彼為十二年，故此為三百六十年即一運之年數）。

師交臨（見星戊二百六十五下），得九百四十兆三千六百九十九萬六千九百一十五億二千萬，為十二運（此以十二因損得數，彼為一運，故此為十二運）。

蓋一元十二會，則取一會之十二運（即一元三百六十運，而取十二運之意）。

一運十二世，則取一世十二年（即一運三百六十年而取十二年之意）。一年十二月，則取一月十二日（即一年三百六十日而取十二日之意）。一日十二時，則取一時十二分（即一日三百六十分而取十二分之意）。

這由於日顓（顓同專）明於晝，每月十八日，共二百一十六時（指每月白晝之時），應乾之策；月代明於夜，每月十二日，共一百四十四時，應坤之策（按以上說法，旨在說明一會用十二運，其意即在於說明閏，應當以一年用十二日來說，較為直接了當，較之以「日每月十八，月每月十二日」之說為妥切，此所謂十八、十二日，乃就一月三百六十時之晝夜之分而言，不易使人瞭解）。

一會十二運，一百四十四世，計四千三百二十年，五萬一千八百四十月，皆自十二分、一百四十四秒積之。（依照《大小運經緯圖》，取一運之分數，以十二因之，則得十二運之「分積」。如一運之分數為四千六百六十五萬六千分，以十二因之，得十二運之分積。取一世之秒數一百五十五萬五千二百，以一百四十四因之，得一百四十四世之秒積。又一百四十四，為十二之十二；四千三百二十年，為十二之三百六十，一百四十四世之三十；五萬一千八百四十月，為十二之四千三百二十，一百四十四之三百六十。）

日一大運而進六日，為氣盈；月一大運而退六日，為朔虛。是以為閏（進退各六日，所以產生閏差）。故於一（一年）而取十二也（進退各六，亦為十二，故於一年而取十二）。

天自臨以上，地自師以上，是謂運數（即天氣運行之數，參考《圓圖》），氣盈朔虛，日月交會之際（日行與天相會，月行與日相會），其中、酉之會歟（師以上為申會，即第九會，遯以下為酉會，即第十會。運數，即大運）。

歸納以上所說：未濟交暌為一日，解交歸妹為十二日；渙交中孚為一年，坎交節為十二年：蒙交損一運，師交臨為十二運；氣盈朔虛進退亦各六，亦為十二日，此閏法之所以立者。

第十節　以元經會酉——觀物篇十

劉氏斯組說：自申之酉，陰柔麗上，陽剛止下之候也。於時律中南呂（酉），日在壽星（位辰），節令秋分寒露，卦直遯、咸、旅、小過、漸，物候淒清，旅當酉會之中，九三以前與遯、咸主秋分（指旅），九四以後（同上），與小過、漸主寒露，爻變各十五（旅前之遯、咸與後之小過、漸），年數各五千四百，其用卦坤方用事，初變復，二變師，亦分主之。前起運甲二百七十一，世子三千二百四十一；後起運己二百八十六，世子三千四百二十一，迄癸亥又三百六十，酉會周矣！聲天之辛為少羽，日入數不行，音地之十，火土和月星，音猶有字，其火夜明，無間於晝，土冬殖，無間於三時者乎？

黃氏畿說：右月酉者，第十會也，當酉會之初，運在甲二百七十一，世在子三千二百四十一。閏爻坤，初六變復，主秋分，卦直為遯、為咸、為旅初六至九三。是時也，陰柔麗上，陽剛止下，凡五千四百年，當酉會之中，運在己二百八十六，世在子三千四百二十一，坤六二變師，主寒露，卦直為旅九四至上九，為小過、為漸。是時也，女當外陽，男處內陰，又五千四百年，而酉會終矣！

從大小運數而言：

遯交同人，同人之三百六十，即大有數自乘，得小畜數一十二萬九千六百為一日；

小畜數自乘，得履一百六十七億餘（一百六十七億九千六百一十六萬）為一月；

履數自乘，得同人二十八兆二千一百一十億九千九百零七萬四千五百六十億（編者加註：28211099074560億）為一年。前六限為長（自子至巳為陽長），後六限為消（自午至亥為陽消），而進退三百六十日（子月至巳月，一百八十日為陽長；自午月至亥月，一百八十日為陽消，長而進，消而退，共三百六十日），此年數所由立也。

日	月	月	月	星	星	星	辰 子	丑	寅	卯	辰	巳	午	未	申	酉	戌	亥
	酉十	坤	復	甲二百七一	遯	同人	三千二百四一											三千二百五二
				乙二百七二		姤	三千二百五三											三千二百六四
				丙二百七三		否	三千二百六五											三千二百七六
				丁二百七四		漸	三千二百七七											三千二百八八
				戊二百七五		旅	三千二百八九											三千三百
				己二百七六		咸	三千三百〇一											三千三百十二
				庚二百七七	咸	革	三千三百一三											三千三百二四
				辛二百七八		大過	三千三百二五											三千三百三六
				壬二百七九		萃	三千三百三七											三千三百四八
				癸二百八〇		蹇	三千三百四九											三千三百六〇
				甲二百八一		小過	三千三百六一											三千三百七二

		乙二百八二		遯	三千三百七三	三千三百八四
		丙二百八三	旅	離	三千三百八五	三千三百九六
		丁二百八四		鼎	三千三百九七	三千四百〇八
		戊二百八五		晉	三千四百〇九	三千四百二〇
坤	師	己二百八六		艮	三千四百二一	三千四百三二
		庚二百八七		遯	三千四百三三	三千四百四四
		辛二百八八		小過	三千四百四五	三千四百五六
		壬二百八九	小過	豐	三千四百五七	三千四百六八
		癸二百九〇		恒	三千四百六九	三千四百八〇
		甲二百九一		豫	三千四百八一	三千四百九二
		乙二百九二		謙	三千四百九三	三千五百〇四
		丙二百九三		咸	三千五百〇五	三千五百十六

丁二百九四		旅	三千五百十七	三千五百二八
戊二百九五	漸	家人	三千五百二九	三千五百四〇
己二百九六		巽	三千五百四一	三千五百五二
庚二百九七		觀	三千五百五三	三千五百六四
辛二百九八		遯	三千五百六五	三千五百七六
壬二百九九		艮	三千五百七七	三千五百八八
癸三百		蹇	三千五百八九	三千六百

丑交革，得三百三十八兆五千三百三十一億八千八百八十九萬四千七百二十億（編註：3385331888894720億）為十二年。

旅交離，為三百六十年；小過交豐，為四千三百二十年；漸交家人，為一十二萬九千六百年，此相乘者也。若以十二除同人數，則得革數二兆三千五百零九億二千三百九十二萬兩千八百八十億（編註：2350923922880億）為一月（以各數皆大小運數所無者，因運數圖乃乘上得下數，此則除上得下，二者不同）；以三十除革數，則得離數七十八億三千六百四十一萬六千四百零九億六千萬（編註：

7836416409.6億）為一日；以十二除離數，則得豐六億五千三百零三萬四千七百八十億八千萬（編註：653034700.8億）為一時；以三十除豐數，則得家人兩千一百七十六兆七千八百二十三億三千六百萬（編註：217678233600萬）為一分（中孚一年數與此同，見申會）。必以一年為一分（中孚在申會為一年，在此則為一月），一月為一秒（秒數見下戌會），然後星辰之進退可乘除矣（進分為年，則以十二、三十疊乘大有三百六十，至同人為年，若退年為分，則以十二、三十疊除同人至家人為分，即同中孚年數，而三十為星數，十二為辰數，故以星辰為言）。酉會日入月出，星隨月見，故星數三十，辰數十二，疊相乘焉，又從而除之，則分數即年數也。

第十一節　以元經會戌——觀物篇十一

朱氏隱老以為：當此一會之半，從有入無，謂之閉物，去開物已遠，但並非到此而止。祝氏說：「窮則變，變則通，一元之後，安知不復有一元以繼之？」

劉氏說：右月戌第十一會，自酉之戌，陰柔大行，陽剛盡止之候也。於時律中無射（於時為戌），日在大火（於時為卯），節令霜降、立冬，卦直「蹇、艮、謙、否、萃」，物象凋落。謙當戌會之中，九三以前與蹇、艮主霜降；九四以後與否、萃主立冬。爻變各十五（謙之前三爻與蹇、艮，後三爻與否、萃），年數各五千四百。其閏卦坤三變謙，四變豫，亦分主之。前起運甲三百零一，世子三千六百零一；後起運己三百一十六，世子三千七百八十一，迄癸亥又三百六十，戊會周矣！聲虛音和有字，水行止九，交十二變，用寅戌應日，其賁以上之數乎？

日	月			星			辰子	丑	寅	卯	辰	巳	午	未	申	酉	戌	亥
	戌十一	坤	謙	甲三百〇一	蹇	既濟	三千六百〇一											三千六百一二
				乙三百〇二		井	三千六百一三											三千六百二四
				丙三百〇三		比	三千六百二五											三千六百三六
				丁三百〇四		咸	三千六百三七											三千六百四八
				戊三百〇五		謙	三千六百四九											三千六百六一
				己三百〇六		漸	三千六百六一											三千六百七二
				庚三百〇七	艮	賁	三千六百七三											三千六百八四
				辛三百〇八		蠱	三千六百八五											三千六百九六
				壬三百〇九		剝	三千六百九七											三千七百〇八

	癸三百一〇		旅	三千七百〇九		三千七百二〇
	甲三百一一		漸	三千七百二一		三千七百三二
	乙三百一二		謙	三千七百三三		三千七百四四
	丙三百一三	謙	明夷	三千七百四五		三千七百五六
	丁三百一四		升	三千七百五七		三千七百六八
	戊三百一五		坤	三千七百六九	閉物於此	三千七百八〇
坤豫	己三百一六		小過	三千七百八一		三千七百九二
	庚三百一七		蹇	三千七百九三		三千八百〇四
	辛三百一八		艮	三千八百〇五		三千八百一六
	壬三百一九	否	無妄	三千八百一七		三千八百二八
	癸三百二〇		訟	三千八百二九		三千八百四〇
	甲三百二一		遯	三千八百四一		三千八百五二

乙三百二二		觀	三千八百五三	三千八百六四
丙三百二三		晉	三千八百六五	三千八百七六
丁三百二四		萃	三千八百七七	三千八百八八
戊三百二五	萃	隨	三千八百八九	三千九百
己三百二六		困	三千九百〇一	三千九百一二
庚三百二七		咸	三千九百一三	三千九百二四
辛三百二八		比	三千九百二五	三千九百三六
壬三百二九		豫	三千九百三七	三千九百四八
癸三百三〇		否	三千九百四九	三千九百六〇

黃氏說：右十一會陽氣將沒，陰氣大凝。又說：物之閉也，先無動物。又歷四千三百二十年，而植物盡矣！天地乃翻覆混沌焉。

又說：大小運數蹇交既濟，為一百五十五萬五千二百月（此以十二因家人數得之）。

艮交賁為四千六百六十五萬六千日，乃一元之日數（此以三十因既濟得之，彼為月數，此則為日數）。

謙交明夷，為五億五千九百八十七萬二千時，乃一元之時數。

否交無妄，為一百六十七億九千六百一十六萬分，乃一元之分數。

萃交隨，為二千零一十五億五千三百九十二萬秒，乃一元之秒數。

以上為相乘者。

若以十二除家人之數，則得既濟一百八十一兆三千九百八十五億二千八百萬，為一秒（以上酉會以三十除豐、得家人數與中孚同，那麼以十二除家人，即以十二除中孚，中孚在申會為一年，在酉會為一分，則以十二除中孚所得數、乃一年變為一月，一分變為一秒可知矣！這是上會所說一月為一秒）。

以三十除既濟，則得賁六兆零四百六十六億一千七百六十萬，為日（此與未濟交睽數同，參考申會注）。

以十二除賁，則得明夷五千零三十八億八千四百八十萬，為時。

以三十除明夷，則得無妄一百六十七億九千六百一十六萬，為一元之分（此與履數同，履為元之分）。

以十二除無妄，則得隨一十三億九千九百六十八萬，為一會之分（按此本當為秒，因與以上十二除家人得既濟為秒相重復，故改稱為分，然又與三十除明夷得無妄之元分相混，乃以會分稱之）。

運世之交，星辰進退，推步必於戌，物閉而猶有數者（物閉於戌會之星戊三百十五），象緯夜行地下（緯即星宿，星宿夜見，故云），固未嘗息也。

第十二節　以元經會亥——觀物篇十二

劉氏斯組說：月亥第十二會，自戌之亥，純陰內積，微陽外消之候也。於時律中應鍾（時為亥），日在析木（於時為寅）；節令小雪、大雪；卦直晉、豫、觀、比、剝，物當藏息（黃氏所謂：外陰已盡，內陰已極）。觀當亥會之中，六三以前，與晉、豫主小雪；六四以後，與比、剝主大雪。爻變各十五（晉、豫共十二變，觀三變，合十五變），年數各五千四百（亥會之初至觀六三之年數），雖行地不見，可以例擬（以上雖為未來之數，但爰前例可逆知其數）。此觀、益以下為無數（《圓圖》地自觀以下，天自益以下為無數），其閏爻坤五變比，上變剝，分主亦同。前起運甲三百三十一，世子三千九百六十一；後起運己三百四十六，世子四千二一百四十一，迄癸又三百六十，亥會周矣！聲天之十癸，合少角，音地之十二亥，為變宮，水以和日，自是其周而復始，貞下啟元之際乎？

黃氏畿說：右月亥者，第十二會也。當亥會之初，運在甲三百三十一，世在子三千九百六十一，坤六五變比，主小雪，卦直為晉、為豫、為觀初六至六三。是時也微陽外消，純陰內積，凡五千四百年，當亥會之中，運在己三百四十六，世在子四千一百四十一，坤上六變剝，主大雪，卦直為觀六四至上九，為比、為剝，坤於是盡而陰含陽焉，是時也，外陽已盡，內陰已極，又五千四百年而亥會終矣！

日	月			星			辰子	丑	寅	卯	辰	巳	午	未	申	酉	戌	亥
	亥十二	坤	比	甲三百三一	晉	噬嗑	三千九百六一											三千九百七二
				乙三百三二		未濟	三千九百七三											三千九百八四
				丙三百三三		旅	三千九百八五											三千九百九六
				丁三百三四		剝	三千九百九七											四千〇〇八
				戊三百三五		否	四千〇〇九											四千二〇
				己三百三六		豫	四千〇二一											四千〇三二
				庚三百三七	豫	震	四千〇三三											四千〇四四
				辛三百三八		解	四千〇四五											四千〇五六
				壬三百三九		小過	四千〇五七											四千〇六八
				癸三百四〇		坤	四千〇六九											四千〇八〇
				甲三百四一		萃	四千〇八一											四千〇九二
				乙三百四二		晉	四千〇九三											四千一百〇四
				丙三百四三	觀	益	四千一百〇五											四千一百一六
				丁三百四四		渙	四千一百一七											四千一百二八
				戊三百四五		漸	四千一百二九											四千一百四〇
		坤	剝	己三百四六		否	四千一百四一											四千一百五二
				庚三百四七		剝	四千一百五三											四千一百六四
				辛三百四八		比	四千一百六五											四千一百七六

壬三百四九	比	屯	四千一百七七	四千一百八八
癸三百五〇		坎	四千一百八九	四千二百
甲三百五一		蹇	四千二百〇一	四千二百一二
乙三百五二		萃	四千二百一三	四千二百二四
丙三百五三		坤	四千二百二五	四千二百三六
丁三百五四		觀	四千二百三七	四千二百四八
戊三百五五	剝	頤	四千二百四九	四千二百六十
己三百五六		蒙	四千二百六一	四千二百七二
庚三百五七		艮	四千二百七三	四千二百八四
辛三百五八		晉	四千二百八五	四千二百九六
壬三百五九		觀	四千二百九七	四千三百〇八
癸三百六〇		坤	四千三百〇九	四千三百二十

黃氏以為：就大小運數而言：

晉交噬嗑（數見《大小運數圖》），為運之世（應需），數得睽之秒（此以三十因隨得數，戌會隨為一元之秒，其數二千零一十五億五千三百九十二萬，則以三十因之，得六萬零四百六十六億一千七百六十萬秒，恰合於睽之數，故說為睽之秒，是說其秒數與睽同）。

豫交震（此以十二因噬嗑得數），為世之世（應小畜），數得歸妹之秒（上數為睽之秒，此則為十二個睽之秒，十二睽，即歸妹也，歸妹之數，十二因睽而得者）。

觀交益（此以三十因震得數），為世之元（應大壯），數得中孚之秒。

比交屯（此以十二因益得數），為運之元（應大有），數得節之秒。

剝交頤（此以三十因屯得數），為會之元（應夬），數得損之秒。

坤交復（此以十二因頤得數），為元之元（應乾），數得臨之秒。

此相乘者也。若：

以三十除隨數，則得噬嗑，為運之分（四千六百六十五萬六千分。戌會以十二除無妄，得隨為會之分，此以三十除隨，則為運之分數）。

以十二除噬嗑得震，為世之分（三百八十八萬八千分）。

以三十除震得益，為年之分（十二萬九千六百）。

以十二除益得屯，為月之分（一萬零八百分）。

以三十除屯得頤，為日之分（三百六十分）。

以十二除頤得復，為時之分（三十分）。

自秒推之（自睽之秒，推至臨之秒），三十分（參考前之十二除頤為復）、三百六十分（頤），合運之元（鼎交大有應屯，大有為三百六十，即一日之分數，屯為一月之分數，故三百六十之三十，即屯之一萬八百分），自下而上（乘除皆自小而大，小下而大上），盡十六變而後已焉（由復乾至姤，巽坤至復，皆十六變）。反復乘除，洪殺衰序（洪為積，衰為減，乘則堆積而洪，除則分減而殺，衰即差等之意），自然呼合（指上文以三十乘隨，與以三十除隨，均得噬嗑數）。其分大為小（分運之分，為世之分之類），每以年月為分秒（如分以十二為秒，或以一十二萬九千六百，當之小畜之沒數；或以一十三億九千九千百六十八萬（編註：4665600*30），當之泰之沒數；或以一百八十一萬三千九百八十五億二千八百萬（編註：4665600*30*12*30*12*30）當之等，此為歸妹之沒數，以上俱見《外七細數圖》），加周天三百六十五度二十五分七十五秒，減周歲三百六十五日二十四分二十五秒，二者相較，餘一分五十秒，積六十六年有奇，而日退天一度為歲差。日月五星右旋，天體左旋，開而廣之，一十二萬九千六百年，則天運所差之度，凡六十六年有奇，其日有晝夜，月有朓朒（朓朒念眺女，陰曆初月在東方為朒，月行遲而在日後；月終月在西方叫朓，月行疾而日前），星有伏見盈縮之變，出入黃道者皆包括盡矣！故「天自同人以下，地自遯以下，年數也，數起於一十百千，至於萬億兆京垓秭，其所歸宿至簡至易不外，一年十二，一月三十日，一日十二時，一時三十分，一分十二秒而已。坤當無極之數而交於復（外七四節坤當無極之數，意即自乾至坤，可長至無限也，故雲），自觀益以下為無數而有象（外七二節天自益以下，地自豫以下，無數也，所謂坤之前後四卦混沌未開，象數不立之故），故曰太極本無極也（言太極本於無極）。

第十三節　元經會章結論

劉氏總結以元經會大意說：以上為以元經會，乃是以一元為十二會之經，猶如一年為十二月之經然。一年十二月，統三百六十日，共四千三百六十時，積十二萬九千六百分。一元十二會，統三百六十運，共四千三百二十世，積十二萬九千六百年。故年以當分，世以當時，運以當日，會以當月，元以當歲，其衍之則無窮，約之則無幾，並而歸於一。

一為元，日甲一，月子一，星甲一，辰子一，以元遞而生之，乃有十二會，是謂以元經會。而會、運、世之遞相為經，悉根諸元矣。惟是天地生萬物之數，其元為乾，乾以分之，兌會、離運、而震世，愈分則愈小，其數愈繁，故一分十二；十二分三百六十；三百六十分四千三百二十；又分而為十二萬九千六百。乃太極生天地之數，其元又可為震，震以長之（長即生長之長），離當會，兌當運，而乾又當世也。愈長則愈大，其數愈細，故十二萬九千六百，約而為四千三百二十，又約而為三百六十，又約為十二而併於一，凡為進長大之數，愈長則愈大，其數則愈小。

分則逆來（自乾而夬、而大有、大壯……以至於震，即起乾迄震）；長則順往（由《圓圖》下之復起，歷頤、屯、益、震……至大畜、需、小畜之卦謂之順），其往來順逆之相錯，一位八卦，間四而行（乾兌離震，每位各八卦，各取其前四卦，故說間四而行），逆來者四，天卦交天，內體外體，不離乎乾兌離震之自交是也（如乾為天），夬為（澤天）、大有為（火天）、大壯為（雷天）、震為雷，即乾兌離震之交於乾兌離震。順往者四，天卦交地，內體震離兌乾，外之坤艮坎巽是也。故左方逆來之卦十六，若乾、夬、大有、大壯，履、兌、睽、歸妹，同人、革、離、豐，無妄、隨、噬嗑、震。各以次分元會運世之元會運世，自上而下，起乾迄震者是也；左方順往之卦，亦十六，若復、頤、屯、益，明夷、賁、既濟、家人，臨、損、節、中孚，泰、大畜、需、小畜，各依次分元會運世，自下而上，起復迄小畜是也。至於右統于左，地承乎天，剝與夬等，姤同於復，每卦對位，彼此並同。

其離、乾、坎、坤四閏卦，左右分直，各統十五正卦（離、乾統左方天卦之三十卦，坎、坤統右方地卦之三十卦），離起子中之復，盡卯中之同人（閏卦離統震、離二位，自復至同人之卦，去離共十五卦），乾起卯中之臨，盡午中之夬（閏卦乾統乾、兌二位之卦，去乾為十五卦）；坎起午中之姤，盡酉中之師（閏卦坎統巽、坎二位之卦，去坎為十五卦）；坤起酉中之遯，盡子中之剝（閏卦坤統艮、坤二位之卦，去坤為十五卦）。離之所主為子會之冬至、小寒，丑會之大寒、立春，與寅會之雨水、驚蟄；乾之所主為卯會之春分、清明，辰會之穀雨、立夏，與巳會之小滿、芒種。之二卦者（離、乾），星與日用事於六陽（離星、乾日），而統夫辰月之陰（統會與世）。坎之所主，午會之夏至、小暑，未會之大暑、立秋，與申會之白露、處暑；坤之所主，酉會之秋分、寒露，戌會之霜降、立冬與亥會之小雪、大雪。之二卦者（坎、坤），土與水斂氣於六陰之柔（坎水、坤土），而統夫石火之剛（坎為少柔、坤為太柔，艮火為太剛，巽石為少剛）。

故劉氏說：「自子會而言，其前為亥、戌二會，天地混沌，龐鴻未開未辟（即混沌未開之意），於數為無，至子會猶一日之半夜子時，陰極生陽，天根漸萌於下而變復。坤復之交，正一動一靜之間（乃所謂地逢雷處見天根），太極生天地之始，卦直為復、為頤、為屯、為益、而趨於震，元氣剖判，輕清上騰，乃有辰、星、月、日，合為天之四象，故曰天開於子，雖未大顯，已成胚胎，如坤母之孕震男，是時水火土石，亦順成而森具，沖漠無朕中矣。由是一氣轉運，輕清上浮而重濁下墜，則凝聚為地，地辟於丑，乃當丑會，積塊始成土石；其氣之濕潤燥烈，分為水火，四者成象，地在天中，承天時行，安靜不動，卦直為噬嗑、為隨、為無妄、為明夷、為賁。明夷交數之終、賁則用數之始。天地既立，人物乃生，出丑入寅，開物之會，無者趨有，闇者向明，象猶夜而旦，冬而春也。」

按：龐鴻未開未辟，即混沌未開之意。語見張衡〈靈憲賦〉：「太素之前，幽清玄靜，寂寞冥默，不可為象，厥中為象，厥外為無，如是者永久焉，是謂溟涬，蓋乃道之根也。道根既建，自無生有，太素始萌，萌而未兆，並氣同色，混沌不分，故道志之言曰：『有物渾成，先天地生。』其氣體固未可得而形；其遲速固未可得而紀也。如斯者又永久焉，斯所謂龐鴻，蓋乃道之乾也。」

明夷交數之終，賁則用數之始。〈外篇〉七章第二節說：

天自臨以上（《圓圖》左三十二卦屬天，臨上至乾十六卦為天之天），地自師以上（右三十二卦屬地，師上至姤十六卦為地之地）為運數，所謂運數，即指元會運世之數，乃天氣運行之數，一般叫做大運。

天自同人以下（同人至復十六卦為天之地），地自遯以下（遯至坤六卦為地之地）為年數（年月日時四者之數，總名年數，乃地道發生萬物之數，一般謂之小運，運數是在天者，年數乃在地者也。運數始乾元，次兌會，離運、震世，自下而上，天氣下降，故說在天；年數始震，次離會，次兌運、乾世，自下而上，地道上行，故說在地，參考導讀《大小運數圖》）。

天自賁以上，地自艮以上為用數（自雨水之草木萌動，至立冬之地始凍，為天地生物之期，即自賁至艮之間者可以生物之數，故說用數）；天自明夷以下（即震位之八卦，無妄隨至復之卦），地自否以下為交數（即坤位八卦，自否萃至剝坤等卦，交數，即明晦相交之數，亦即指不用之時間而言）；天自震以上乾，地自晉以上（即右方自晉至姤之卦）為有數；天自益以下（益屯頤復四卦），地自豫以下（即觀比剝坤四卦）為無數。

（以上請參考導讀《伏羲六十四卦圓圖》，及丑會之說明）

劉氏又說：當天地開闢之初，所謂天地絪緼，萬物化醇，走飛草木，不胎卵（凡動物不以胎生，亦不以卵生），不核實（草木亦不以菓核種子而生），其生生皆以氣化。嗣則（乾道成男，坤道成女，寅會之初）男女以構精化生，走飛草木，無不胎、卵、核、實，化皆以形（即所謂遺傳）。氣形之類，化化無窮，氣為形專，形以類衍（說萬物化生之道，各以其類，不一而足），氣化者稀以小，形化者繁以大。人生於寅，貴而統物，於時出震向明，主氣御極，三才肇而萬物滋，其此會乎（已有初步文明）？是為畫之初（伏羲始畫八卦），時之首（天地之開端），皇古之始也（史記：盤古之後，有天地人三皇）。

按：祝氏泌以為洪荒混沌之時，有以為盤古氏即前一元之末會，天開於子之半，有所謂天皇氏兄弟十二人，即所謂之十二支，亦即經世之子會。之後地開於丑之半，則有地皇氏。人生於寅之半，則有人皇氏。猶一年之雨水時，唐虞之時正當巳會之時，猶一年之芒種，而時正清和也，至夏禹八年，又自午之半而交午會云云。

天地人三皇之世，或即子丑寅三陽之時，這時伏羲以木德當王（伏羲氏以木德王天下），火燧用著，人民有了火的使用，離卦統會，象徵人治開明，從網罟、耒耜、食貨、交易、用八卦，作書契、興曆律，皆起甲寅，道斯皇矣，文明已經很可觀了（參考《繫傳・下》二章）！

這時古帝王、乃是以皇道化民，開物之後，運入咸、夬，臨、損、節、中孚、歸妹等，所以說：「咸、臨容保（咸者感也；臨，大亨以正，包涵，容納）其臨損、制節（損上益下，節以制度，不傷財，不害民），孚化歸仁（中孚起信，以化萬民）……」。離盡而乾起（離直子、丑、寅三會，至卯會則以乾直閏），會際卯中，故卦直為臨、為損、為節，又為中孚、歸妹，與時協應，是以羲皇以後，循蜚之紀，轉而因提（循蜚、因提，指古帝王治世的兩個時代），嫁娶合而儷皮為儀（婚姻嫁娶，已有一定的儀規），禮儀興而綆絲為瑟（綆音耕，以絲為繩而作瑟，即所謂制禮作樂），夫其無因（皆聖人能以化民之故）。

按：

咸臨容保：咸者感也，澤山咸，為卦上柔下剛，二氣相應；地澤臨，大亨以正，容保民無疆，容即包容，容納之意，保即保護撫育之意。參考臨《彖辭》，咸《彖辭》、《象辭》。

約損制節：損《彖辭》：損上益下，其道上行，損而有孚元吉……；節是中正以通，天地節而四時成，節以制度，不傷財，不害民。

孚化歸仁：言中孚起信，以化萬民。

循蜚之紀，轉而因提：

《春秋元命苞》說：自開闢以來，至春秋魯哀公十四年獲麟之歲，凡二百二十六萬七千年，分為十紀，循蜚、因提即十紀之二。《史記・索隱》則以為二百二十七萬六千年，分為十紀，即：九頭紀（人皇氏，兄弟九人，頭即人，九人，故說九頭）、五龍紀（兄弟五人，皆能乘龍上下，故云）、攝提紀（或云括提）、合雒紀（或曰三姓）、連通紀（或云六姓）、序命紀（或云四姓）、循蜚紀（以其時德厚信立，人循其化，其速若飛故曰循蜚）、因提紀（因時咸有著作，可因以利時）、禪通紀（終於炎帝）、疏仡紀（仡音依，疏以知遠，仡以審斷），以至於周。

迄於辰會，乃異而同，悅以麗，交而通，社會富有日新之時，道化已達極高的境界，故說：睽異而同（睽，《彖辭》說：天地睽而其事同；男女睽而其志通；萬物睽而其事類也。《象》曰：上火下澤，君子以同而異），兌澤以麗（兌《象》曰：麗澤，君子以朋友講習），履辨而分定（履，君子以辨上下，定民志），泰交而志通，大畜富有而日新（睽、兌、履、泰、大畜，皆辰會之正卦），道化益隆，德教斯普，既乃陽益於巳（陽至巳而極），帝運大光，因提變而禪通，卦直皆內主乾剛（巳會直卦為需、小畜、大壯、大有、夬，內卦皆乾），外而坎水巽風、震雷離火（外卦為坎、巽、震、離、兌），交動疊進，而澤布天上（巳會運卦乾上變夬，故說澤布天上），則自需、小畜、而大者壯，有者大，眾陽決乎孤陰，於象為夬（夬交大過），時益軒昊（乃昊軒之世。軒即軒轅氏，昊即少昊，古以少昊、顓頊、高辛、唐堯、虞舜為五帝）、顓頊暨堯舜氏，一干元統天，御六龍，首庶物，留萬國之象也。是其則天無名，巍巍蕩蕩，君德之極，帝運之昌乎？所以仲尼推歷數，斷自唐虞，殆猶日方中天，巳而至午際，其極勝則無以加矣！

按：一干元統天。《彖辭》說：「大哉乾元，萬物資始乃統天，雲行雨施，品物流形。大明終始，六位時成，時乘六龍以御天。乾道變化，各正性命，保和太和乃利貞，首出庶物，萬國咸寧。即一干元統天之境界。」

巍巍蕩蕩：孔子說：「大哉堯之為君也，巍巍乎！唯天為大，唯堯則之；蕩蕩乎，民無能名焉！巍巍乎，其有成功也，煥乎，其有文章。」言其功業文章，巍然煥然而已。

以上說辰、巳二會，治運皆臻仁道之最高峰。

自復至乾，由子而午，前六會為長者，於是乎止。皇帝之運，日開日闢，而極於茲也。

自是陰生午半，帝隆而王，夏直姤初（一陰初生），殷周革命，凡經六運，經姤六爻，七十二世，二千一百六十年，由夏而商而周，而五霸七雄，春秋戰國，中間王降而伯，伯降而狄。孔子生周末錄〈秦誓〉以續王（《書經》最後一篇，孔子選錄〈秦誓〉，或以為孔子有寓秦代周之深意），在姤之九五（鼎運之時，幽王無道，平王東遷，天下開始進入亂局），至秦併六國，吞二周而始稱皇，皇則姤角之運（運為大過，姤上九爻辭「姤其角，吝」，角為陽剛，而上九無位，不得其遇），周為秦亡，秦為楚滅，楚為漢禽，伯狄之餘（言暴君，夷狄交相煎迫），又見王事（指漢之興），運自姤而變，交乾應復，有如此者。姤而後為大過、為鼎、為恒，以迄於巽，午會乃周。漢至於此（星乙一百九十二大過之姤，之後即直鼎恒卦），猶在午會之十二運乎？當此受命聖人，固有大過人之才德，鼎建恒久，而巽于天道之不已者焉！

以上午會，乃是陰長之始，治世由皇而帝，由帝而王，由王而伯，馴至降而至伯、狄之餘，吾人正處於其間，目所見、耳所聞，在科學方面不但已參贊化育，巧奪天工，而且不但可以步星漢，而登蓬萊，覓嫦娥，入月宮；而在人事上，則是弱為強食，拙為巧奴，仇戮誅殺。乃至滅種，已然將世無寧日，由於各國核爆，地球氣溫反常，兩極冰山融解，國際紛爭，有增無已，人文沈惰，「天意人事，為智者憂，難為俗人道者矣！」邵子《皇極經世書》所謂之閉物，朱子所謂之渾沌，皆一事耳。

自是而井、而蠱、而升、而訟與困，直乎未會（說未會本末之末）；而未濟、而解、而渙、而蒙、師，直乎申會；列巽位者八，列坎位者七（以上卦直，巽位自姤至升共八位，坎位除坎為閏卦外，餘共列七位），而坎為閏卦，分主三會，猶乾離也。若酉會之直卦，曰遯、曰咸、曰旅、曰小過與漸；戌之直卦曰蹇、曰艮、曰謙、曰否與萃；亥會之直卦曰晉、曰豫、曰觀、比與剝，又皆坤為閏卦，分主三會，而與離乾坎，各應二十四氣之變，以運夫長之、消之之機也。自姤至坤會，六會為消，於是乎止。

王氏植以為：本章十二會有關黃氏之論，大抵本于朱子與吳草廬之說。王氏復就朱子之說，討論如下：

朱子說：渾沌初開，先有天，後有地，再後方有人物，則末後渾沌時，亦必人物先盡，即邵子戌會中所謂閉物之時也。物盡之後，乃及於地，地盡之後，旋及於天。朱子所謂「也須一場鶻突也」（鶻突，即糊塗，此作渾沌意）。但開闢之初，歷子、丑、寅三會，而渾沌之時，止戌中至亥會者，邵子所謂天地之交十之三（此交數十之三，與〈外篇〉一章一節四分用三義不同，前者以六十四卦之體數而言，此則以六十卦而言，意思是說六十卦、十分去三不用，即不用者三六一十八卦，亦即《圓圖》之艮與明夷以下之十九卦，去坤後之十八卦），朱子所謂：「一個壞，便有一個生得來，則不待多歷時也。」草廬云：「自亥會之始，五千四百年，當亥會之中，地之重濁之結者，悉皆融散，與輕清之天者，混合為一，故曰渾沌。又曰清濁之混，逐漸轉甚，又五千四百年，至亥會終，而昏暗極，是天地之一終也。貞下起元，又肇一初（又開始了一個元，即日甲一、月子一），仍是渾沌，即子會之始，是謂太始。」此所言渾沌時，蓋亥會及子會之初耳，悉與邵子、朱子所說相合。黃氏皆未及此義（說黃氏見未及此）。至陰陽二氣，遞為消息，然獨陰不成，常以陽為主，所謂乾以君之也。酉會之末，陽氣漸消，陰氣必不能生，久之且隨而融散矣！黃氏於酉會說：「陽氣悉沒，陰氣大凝。」於亥會說：「微陽外消，純陰內積」。似陽氣已消，凝陰獨結。未若草廬所謂重濁之氣，悉皆融散，與輕清之天，混合為一，其義為確。〈外篇〉之一云：「陽去則陰竭；陰盡則陽滅。」蓋至亥會將終，陰陽不復分判，而同歸溟涬（涬音婞，即大自然氣，《莊子・在宥》謂：「大同乎溟涬，物故自生。」）若陽氣尚凝，又何得謂之渾沌乎？此理甚微，不可不辨。

這一段是王氏引述朱子的話，大意是說：天地之誕生，是先有天，而後有地，最後有人類萬物。天地的毀滅，則是先由人類萬物始，即人物盡而後地盡，地盡而後天盡……之後便貞下啟元，又是一個渾沌，重新再開天闢地，由子會而丑、寅，與邵子所說相合，其過程則是漸進的。至於陰陽二氣，亦復如此。由渾沌而分兩儀，亥會之後，陰陽亦不復分判，而同歸乎溟涬。

至於王氏的分析與補充，清人何夢瑤氏，頗不之然。何氏說：

按：王氏謂草廬云：「自會亥之始，至亥會之中，地之凝結者，悉皆融散，與輕清之天者，混合為一，故曰渾沌。至亥會終，而昏昧轉極，是天地之一終也。貞下起元，又肇一初，仍是渾沌，即子會之始，是謂太始。」而黃氏於戌會則曰：陽氣悉沒，陰氣大凝。於亥會說：微陽外消，陰氣內積，似陽氣已消，凝陰獨結。未若草廬融散之義為恰妥。如果陰氣尚凝，何得謂之渾沌？然乎！

愚（何氏自稱）謂：佛氏言「劫火洞燃，大千俱壞」；又云「惟有虛空不壞」。虛空者，無物也，氣也。大千世界者，色界也，形也。凡有形體之物，無有造而不化之理。吳氏所謂融散也，以地之體言也，地體先盡，天體繼盡，皆指其有形質者言之，非其氣亦盡也。氣本乎理，理不盡，則氣亦不盡，故能再肇一初。然氣雖不盡，而不能無盛衰，戌亥兩會，陰極盛而陽極衰，氣衰則形壞。黃氏所云氣衰也，獨未及形壞耳，王氏不知言形言氣不同，而妄為軒輊，是不對的。

何氏又引明人喻嘉言氏之說，以佐證之。

喻氏云：戌亥混茫之會，非天下混於地，乃地上混於天耳，蓋地水火風，四輪同時轟轉，震蕩五天之中，以上混乎天，然止混於色界天，不能混於無色界天，但至子而混沌復開，陰氣下而高覆之體始露，至丑而陰氣盡返於地，而太空始廓，兩儀分奠，日月星辰麗於天，華嶽河海麗於地，以清以寧，曰大曰廣，庶類以漸生焉。其所云色界者，即有形之體也，所云無色界者，即無形之氣也，亦足與愚說相發明。

按：佛家謂地球毀滅為無量阿僧祇劫；西方宗教家謂為世紀末日；科學家謂為冰河再臨；孟子亦有：當堯之時，洪水橫流，泛濫於天下，獸蹄鳥迹之道，交於中國……這種說法。前者古人謂之曰渾沌。究竟未來的情形如何，是冰河再臨，仰為渾沌？還是如喻氏所云：「地水火風，四輪同時轟轉？」一由人類自己將其毀滅（如人類科學對物理原子、核子試爆，以及生化等之窮極發展，對熱帶雨林的破壞，影響於大氣臭氧層等現象來看）。方式或有不同，至其毀滅則無二致。

按：佛氏所謂色界天，無色界天者：簡單的說，一般凡夫生死往來之世界有三等。一為欲界，即有色、食二欲者，亦即所謂之有情世界；二為色界，在欲界之上，離開以上「淫、食」二欲之有情住所；三為無色界，此界無色無物，亦無身體、宮室、國土，唯以心識住於深妙之禪定。

皇極經世書今說——觀物篇補結（第一冊）

建議售價・2000元（四冊不分售）

輯　　說・閆修篆
編輯整理・林金郎　徐錦淳
校　　對・林金郎
出版發行・南懷瑾文化事業有限公司
　　　　　網址：www.nhjce.com
代理經銷・白象文化事業有限公司
　　　　　412台中市大里區科技路1號8樓之2（台中軟體園區）
　　　　　出版專線：（04）2496-5995　　傳真：（04）2496-9901
　　　　　401台中市東區和平街228巷44號（經銷部）
　　　　　購書專線：（04）2220-8589　　傳真：（04）2220-8505
印　　刷・基盛印刷工場
版　　次・2020年6月初版一刷
　　　　　2023年11月初版二刷

設計編印
白象文化
www.ElephantWhite.com.tw
press.store@msa.hinet.net
總監：張輝潭　專案主編：陳逸儒

國家圖書館出版品預行編目資料

皇極經世書今說——觀物篇補結／閆修篆著. --
初版.—臺北市：南懷瑾文化，2020.6
　面：　公分
ISBN 978-986-96137-8-1（平裝）
1.皇極經世 2.注釋
290.1　　　　109002784

※缺頁或破損的書，請寄回更換。※版權歸作者所有，內容權責由作者自負